F. M. GRAVES

# DEUX INVENTAIRES DE LA MAISON D'ORLÉANS

## (1389 ET 1408)

PUBLIÉS POUR LA PREMIÈRE FOIS
ET PRÉCÉDÉS D'UNE INTRODUCTION

*Avec une planche hors-texte*

PARIS
LIBRAIRIE ANCIENNE HONORÉ CHAMPION
LIBRAIRE DE LA SOCIÉTÉ DE L'HISTOIRE DE FRANCE
ET DE LA SOCIÉTÉ DES ANCIENS TEXTES FRANÇAIS
5, QUAI MALAQUAIS

1926

BIBLIOTHÈQUE DU XVe SIÈCLE

TOME XXXI

---

# DEUX INVENTAIRES

DE LA

# MAISON D'ORLÉANS

(1389 ET 1408)

**Librairie Ancienne H. CHAMPION, Éditeur, 5, quai Malaquais, Paris.**

## BIBLIOTHÈQUE DU XV$^{e}$ SIÈCLE. Vol in-8° raisin.

T. I. Pierre CHAMPION, Guillaume de FLAVY. Épuisé.

T. II. Le même, **Chronique Martiniane.** Edition critique d'une interpolation originale pour le règne de Charles VII, restituée à Jean le Clerc...... **9 fr. »**

T. III. Le même. **Le manuscrit autographe des poésies de Charles d'Orléans.** 18 fac-similés........................................ **15 fr. »**

T. IV. H. CHATELAIN. **Recherches sur le vers français au XV$^{e}$ siècle.** Épuisé

T. V. P. CHAMPION. **Charles d'Orléans, joueur d'échecs.** In-4, planches **4 fr. 50**

T. VI. E. LANGLOIS. **Nouvelles française inédites du XV$^{e}$ siècle** **7 fr. 50**

T. VII. P. CHAMPION. **Le prisonnier desconforté.** Planches......... **7 fr. 50**

T. VIII. G. DOUTREPONT. **La littérature française à la Cour des ducs de Bourgogne**............................................. **18 fr. »**

T. IX. Ch. PETIT-DUTAILLIS. **Documents nouveaux sur les mœurs populaires et le droit de vengeance dans les Pays-Bas au XV$^{e}$ siècle** **9 fr. »**

T. X. CAILLET. **Relations de Lyon avec la Bresse et le Mâconnais** au XV$^{e}$ siècle............................................. **3 fr. 75**

T. XI. P. CHAMPION. **La librairie de Charles d'Orléans.** Avec album in-folio de 34 phototypies........................................ **30 fr. »**

T. XII. SODERHJELM. **La nouvelle française au XV$^{e}$ siècle**........ **11 fr. 25**

T. XIII. P. CHAMPION. **La vie de Charles d'Orléans**............. Épuisé

T. XIV. CH. OULMONT. **La poésie morale, politique et dramatique à la veille de la Renaissance. Pierre Gringore**................ **11 fr. 25**

T. XV. CH. OULMONT. **Etude sur la langue de Pierre Gringore.** **6 fr. »**

T. XVI. Mathilde LAIGLE. **Le Livre des trois vertus de Christine de Pisan et son milieu historique et littéraire.** Avec pl............... **11 fr. 25**

T. XVII. Arm.-Ad. MESSER. **Le Codice aragonese.** Étude générale, publication du manuscrit de Paris. Contribution à l'histoire des Aragonais de Naples. Ouvrage illustré de deux fac-similés et sept gravures dans le texte............ **22 fr. 50**

T. XVIII. Léon MIROT. **Une grande famille parlementaire au XIV$^{e}$ et au XV$^{e}$ siècle. Les d'Orgemont, leur origine, leur fortune. Le Boiteux d'Orgemont**............................................. **11 fr. 25**

T. XIX. F. M. GRAVES. **Quelques pièces relatives à la vie de Louis I$^{er}$, duc d'Orléans, et de Valentine Visconti, sa femme**....... **11 fr. 25**

T. XX-XXI. Pierre CHAMPION. **François Villon. Sa vie et son temps.** 2 volumes ornés de 49 planches........................................ Épuisé

T. XXII et XXIII. P. CHAMPION. **Le Procès de Condamnation de Jeanne d'Arc,** 1921, 2 vol. de XXXII-416 et CX-452 p. et pl................. **50 fr. »**

T. XXIV. E. VANSTEENBERGHE. **Le Cardinal Nicolas de Cues** (1401-1464). 1921, XX-506 p.............................................. **35 fr. »**

T. XXV. G. COHEN. **Mystères et moralités du manuscrit 617 de Chantilly.** 1921. In-4°, CXIX-140 et 2 pl.............................. Épuisé

T. XXVI. Ch. SAMARAN. **Un diplomate français du XV$^{e}$ siècle, Jean de Bilhères-Lagraulas, cardinal de Saint-Denis,** 1921, 112 p. et 1 frontispice. **10 fr. »**

T. XXVII et XXVIII. P. CHAMPION. **Histoire poétique du XV$^{e}$ siècle.** 2 vol. de XII-396 pages et 474 pages, avec 60 phototypies hors texte, les deux volumes ensemble............................................. **100 fr. »**

T. I. Maître Alain Chartier, secrétaire du roi. — Pierre de Nesson le poète et la mort. — Noble homme Jean Régnier le prisonnier. — Michault Taillevent, valet de chambre. — Pierre Chastellain dit Vaillant.

T. II. Charles d'Orléans. — Le pauvre Villon. — Arnould Greban. — Jean Meschinot le « Banni de Liesse » — M$^{e}$ Henri Baude élu des finances et poète Jean Molinet réthoriqueur

Il a été tiré 50 exemplaires sur hollande, les 2 vol. ensemble........... **300 fr. »**

T. XXIX. J. NÈVE. **Sermons choisis de Michel Menot,** 1924, 530 p. **50 fr. »**

T. XXX. G. COHEN. **Le Livre de conduite du régisseur et le compte des dépenses pour le Mystère de la Passion joué à Mons en 1501,** publiés pour la première fois, 1925, 728 p. ........................ **90 fr. »**

HONORÉ BONET OFFRANT A VALENTINE, DUCHESSE D'ORLÉANS

*son " Apparition de Jean de Meung "*

*(Français 811, fol 1 v°)*

F. M. GRAVES

# DEUX INVENTAIRES

DE LA

# MAISON D'ORLÉANS

## (1389 ET 1408)

PUBLIÉS POUR LA PREMIÈRE FOIS
ET PRÉCÉDÉS D'UNE INTRODUCTION

*Avec une planche hors-texte*

PARIS
LIBRAIRIE ANCIENNE HONORÉ CHAMPION
LIBRAIRE DE LA SOCIÉTÉ DE L'HISTOIRE DE FRANCE
ET DE LA SOCIÉTÉ DES ANCIENS TEXTES FRANÇAIS
5, QUAI MALAQUAIS

1926

*To*

*Rosamond Veasey*

*1923*

## BIBLIOGRAPHIE


ADDA. — Indagine storiche, artistiche e bibliografiche sulla libreria Visconteo-Sforzesca del Castello di Pavia. Parte prima.

ANSELME, Le Père. — Histoire généalogique et chronologique de la Maison Royale de France.

AVENEL, Le vicomte G. d'. — Histoire économique de la Propriété etc. depuis l'an 1200 jusqu'en l'an 1800.

— Découvertes d'histoire sociale 1200-1910.

BOURNON. — Mémoires de la Société de l'histoire de Paris. T. VI.

Catalogue Joursanvault, 1838.

Catalogue du Musée de l'hôtel de Cluny.

Catalogue des Ivoires, Musée du Louvre.

Catalogue de l'Exposition de Portraits 1907, Bibliothèque Nationale.

Catalogue of the Franco-British Exhibition of Textiles, South Kensington Museum, 1921. (Londres).

Catalogue of Tapestries, South Kensington Museum.

Catalogue of English Ecclesiastical Embroideries XIII-XVI centuries, South Kensington Museum.

Catalogue of Chalices & other Communion Vessels, South Kensington Museum.

Catalogue of English Silversmiths Work, Civil & Domestic, South Kensington Museum.

Catalogue of Rubbings of Brasses, South Kensington Museum.

Catalogue of the Bryan Bequest, South Kensington Museum.

CHAMPION, Pierre. — Vie de Charles d'Orléans.

— — La Librairie de Charles d'Orléans.

CHAMPOLLION-FIGEAC. — Louis et Charles, ducs d'Orléans.

CIRCOURT, Le comte de. — Le duc Louis d'Orléans (Revue des Questions historiques. T. XLII.)

COLLAS. — Valentine de Milan, duchesse d'Orléans.

COTGRAVE. — A French-English Dictionary. Ed. 1650.
COUDERC. — Album de Portraits d'après les collections du département des manuscrits.
DELACHENAL. — Chroniques des règnes de Jean II et de Charles V.
DELISLE. — Cabinet des manuscrits de la Bibliothèque Impériale. Tomes I & III.
— Catalogue analytique des Collections Bastard d'Etang à la Bibliothèque Nationale.
— Mandements et Actes Divers de Charles V.
DIEUDONNÉ. — Monnaies Royales Françaises depuis Hugues Capet jusqu'à la Révolution.
EVANS. — Mediaeval France.
FAUCON. — Mariage de Louis d'Orléans et de Valentine Visconti.
FORTESCUE. — The Ceremonies of the Roman Rite described.
FROISSART. — Chroniques. Ed. Kervyn de Lettenhove. T. 14.
GODEFROY. — Entrevues de Charles IV, Empereur et Charles V Roy de France. Ed. 1612.
GRAVES. — Quelques Pièces relatives à la vie de Louis d'Orléans et de Valentine Visconti, sa femme.
JARRY. — La vie politique de Louis d'Orléans, duc d'Orléans.
LABORDE. — Les ducs de Bourgogne. 2e partie, t. III.
— Glossaire Français du Moyen Age (Inventaire des bijoux de Louis d'Anjou dressé vers 1360).
LECHEVALIER-CHEVIGNARD. — Les Styles Français.
LE ROUX DE LINCY. — Paris et ses historiens.
— Femmes célèbres de l'ancienne France.
— La bibliothèque de Charles d'Orléans à son château de Blois.
LITTA. — Famiglie Celebri Italiane. T. I.
LUCE. — La France pendant la guerre de cent ans.
MAGENTA. — I Visconti et gli Sforza nel Castello di Pavia.
MAS LATRIE, le comte de. — Trésor de chronologie.
MONSTRELET. — Chronique. Ed. Douet d'Arcq. T. I.
PETIT. — Séjours de Charles VI.
PISAN, Christine de. — Le livre des fais et des bonnes mœurs du sage roy Charles V. Ed. Petitot.
Religieux Bénédictin de la congrégation de Saint-Maur. — L'Art de vérifier les dates. T. II.
Religieux de Saint-Denis. — Chroniques. Ed. Belaguet.
ROBINSON. — Valentine Visconti (Fortnightly Review. Nos CCXLIII-IV).

ROMAN. — Inventaires et documents relatifs aux joyaux etc. des princes d'Orléans-Valois.

Romania. T. XLII.

SAINTE-MARTHE. — Histoire Généalogique de la Maison Royale de France.

SALE, A. de la. — Roman du Petit Jean de Saintré. Ed. J. M. Dent.

SAUVAL. — Les Antiquités de Paris. Ed. 1724. T. II.

SAUSSAYE. — Histoire du château de Blois.

SKEAT. — Etymological Dictionary of the English Language.

THIBAUT. — Isabeau de Bavière.

URSINS, JUVÉNAL DES. — Histoire de Charles VI, roy de France, anno 1408. Ed. Michaud et Poujoulat.

## Note sur la puissance d'achat d'une livre tournois [1]

La livre tournois, comme la livre sterling anglaise jusqu'en 1562, était argent de compte; c'est-à-dire qu'elle désignait une certaine quantité de métal précieux, représenté par l'argent payant ou des monnaies de toutes espèces, frappées peut-être en différentes provinces. Suivant les époques, le marc d'argent valait telle et telle somme en livres tournois; donc le nombre de grammes d'argent désigné par une livre tournois à une époque donnée doit être divisé par quatre grammes et demi — la valeur d'argent fin du franc de 1914 — pour établir la correspondance entre la livre tournois et le franc d'avant la guerre. D'après d'Avenel, de 1376-89, la livre tournois valait en francs intrinsèques frs. 8 c. 90; de 1390-1400, frs 7 c. 53; de 1401-10, également frs 7 c. 53. Or, d'après la même source, le pouvoir d'achat des métaux précieux, comparé au pouvoir d'achat d'avant la guerre, a été de 4 entre 1376-1400; et de 4.25 entre 1401-10. Il s'ensuit que le chiffre de multiplication ou valeur en francs de 1914 est 36 de 1376-89; 30 de 1390-1400; et 33 de 1401-10. Selon cette méthode de calcul, une tapisserie à haute lisse achetée par Louis d'Orléans en 1389 pour 1200 livres tournois représente en 1914 une dépense de frs. 38,448.

1. Voir D'AVENEL, *Histoire Economique de la Propriété, etc., depuis l'an* 1200 *jusqu'en l'an* 1800 ; le même : *Découvertes d'Histoire Sociale,* 1200-1910 ; et DIEUDONNÉ, *Monnaies Royales Françaises depuis Hugues Capet jusqu'à la Révolution.*

# INTRODUCTION

> « ... le duc d'Orléans avoit près de sa chambre jusqu'à des bains et des étuves, et de plus un cabinet qui lui servoit simplement à dire ses heures, particularité remarquable et qui nous apprend, ou la piété de ce Prince, très licentieux néanmoins, ou bien la coutume de prier Dieu de son tems. »
>
> SAUVAL [1].

Nous nous proposons de donner, par le moyen de deux inventaires de l'époque, une esquisse de la vie seigneuriale en France à la fin du XIV^e^ et au commencement du XV^e^ siècle.

Le premier document dont il s'agit, le ms. K.K.264 [2] fut dressé à Paris le 8 et 9 septembre 1389 en la présence de Philippe de Florigny et de Jehan de Garencières,

1. SAUVAL (1620-70), *Les Antiquités de Paris*, éd. 1724, t. II, p. 276. Les descriptions de Sauval sont le résultat de ses recherches dans les archives de la Cour des Comptes et de la Sainte-Chapelle. Le funeste incendie de 1737 ne laisse aujourd'hui aucune trace de ces archives.

2. Ce document ne doit être nullement confondu avec un inventaire contemporain qui a rapport à la corbeille de mariage de Valentine de Milan, et qui se trouve également aux Archives Nationales, sous la cote K.K. 268 b. Ce dernier, écrit en latin, d'une main lombarde, fut compilé à Pavie avant le départ de la duchesse, et n'a été apporté en France que par Louis XII, à l'époque des guerres d'Italie. Il en existe une copie, en français, dans le Cartulaire du comté de Blois, XV^e^ et XVI^e^ siècles (*Archives Nationales*, K.K. 896, f° 36).

chambellans de Louis de Valois, duc de Touraine, puis d'Orléans, frère unique du roi Charles VI. Il est écrit en français, en grosse cursive, et contient une énumération de joyaux, de vaisselle d'or et d'argent, de parements de chapelle, de linge, de robes etc. apportés de son pays natal par Valentine de Milan, épouse du duc. En plus, y est comprise la liste de la vaisselle qui avait été offerte à la duchesse, lors de son mariage, par la ville de Paris.

L'autre document, le ms. K.K. 268 a. [1], que je publie, est en quelque sorte l'énumération des effets du duc et de la duchesse d'Orléans, commencée le jour même de la mort de cette dernière, le 4 décembre 1408, par ordre de son fils Charles, duc d'Orléans. Cet inventaire de 70 feuillets, mi-parti parchemin, mi-parti papier, fut rédigé au château de Blois en la présence de Pierre de Mornay, gouverneur du duché d'Orléans, de l'abbé de Chésy, confesseur de la feue duchesse, de Jehan Mauvoisin, son maître d'hôtel, et de Pierre Sauvage, son secrétaire.

Quoiqu'il soit question de la vie d'intérieur de Louis de Valois, duc d'Orléans, et de Valentine Visconti sa femme, je tiens à remonter plus haut, afin d'ébaucher le fond du tableau. Pendant les premières années du règne de son père, Charles V, dit le Sage, la misère, terrible suivante de la guerre, portait ravage partout dans le royaume ; et le roi, aussi courageux que prévoyant, eut à exercer une économie personnelle et administrative véritablement rigide. Mais, peu à peu, grâce à cette prudente politique menée à bonne fin, grâce aux réformes établies dans les finances et dans la conduite des affaires, Charles V était en état non seulement de faire face à

1. LABORDE a publié des extraits de cet inventaire et du précédent. Voir *Les Ducs de Bourgogne*, 2e partie, t. III, pp. 42 et 229.

ses dépenses, mais de donner libre cours à sa grande curiosité intellectuelle, à son goût inné des arts. Il rendit sa cour la plus magnifique de l'Europe ; « le Louvre, transformé et embelli, devint un palais luxueux ; de très belles sculptures furent placées sur les murailles nues et un escalier extérieur, œuvre gracieux de Raymond du Temple, jeta dans la sombre cour une note gaie [1] ». Charles V logea au Louvre, dans la tour de la Fauconnerie [2], nouvellement restaurée par ce maître maçon, sa belle bibliothèque de neuf cents volumes. D'abord, on ne se servait que de deux étages de la tour ; mais bientôt il fut nécessaire d'y ajouter un troisième. « Les murailles du premier étage furent entièrement recouvertes de bois d'Irlande [3], qui avait été donné au roi par le sénéchal de Hainaut ; la voûte fut garnie de bois de cyprès. L'entrée de chaque pièce était fermée par une porte haute de sept pieds, large de trois, et épaisse de trois doigts. Toutes les fenêtres étaient garnies de treillis en fil d'archal « pour deffense des oyseaux et autres bestes » [4]. Ici, loin des ennuis administratifs, le roi pouvait s'entretenir à son gré avec ses savants, discutant avec Nicolas Oresme, commentateur et auteur des traductions d'Aristote, les idées politiques de l'antiquité relativement à leur application actuelle, avec Raoul de Presles, le traducteur de la *Bible* et de la *Cité de Dieu,* l'action réciproque de l'autorité spirituelle et de la puissance temporelle ; car l'esprit curieux de Charles V chercha à gouverner d'après certains principes, et non

1. LAVISSE, *Histoire de France,* t. IV, 1re partie, p. 188.
2. Tour qui était sur la face occidentale du château.
3. Le nom de bois d'Irlande s'appliquait sans distinction à plusieurs conifères : sapin, mélèze, cyprès et même cèdre, dont les essences passaient pour incorruptibles.
4. DELISLE, *Cabinet des Manuscrits,* t. I, p. 20.

comme la plupart de ses contemporains, suivant les circonstances. Du reste, le roi vint souvent à la tour de la Fauconnerie, soit pour commander une nouvelle traduction, soit pour feuilleter quelque nouvel achat, ou pour conférer avec son bibliothécaire, Gilles Malet, « un sien varlet de chambre, lequel, pour cause que en lui sçavoit plusieurs vertus, moult aimoit cellui par especialement sur tous aultres souverainement : bien lisoit et bel pentoit[1], et entendans homs estoit »[2]. Comme un vrai bibliophile, le roi aimait à s'occuper de sa « librairie ». Parfois il prêta ses volumes ou les échangea contre d'autres ; parfois il en fit cadeau à ses amis ou à quelque personnage important, et sur les plus précieux, il avait l'habitude d'écrire son nom[3].

Dans de telles circonstances, nous ne devons pas nous étonner de voir Charles V embellir le Louvre, entretenir avec soin le Palais de Saint-Louis, achever le donjon et la chapelle de Vincennes, entourer Paris d'une nouvelle enceinte ; son esprit, à la fois lettré et ouvert au sentiment du beau, lui fait désirer une demeure toute autre que le château fort à herse que lui avaient légué ses aïeux. L'arbre dont le fruit sera la Renaissance est en sève ; et cette nouvelle vie de cour, avec son coloris aussi riche que joyeux, trouvera un joli cadre, en villégiature, dans la gracieuse maison de Beauté-sur-Marne, à Paris, dans l'hôtel Saint-Pol.

Déjà en 1361, Charles V, alors dauphin et régent, avait acquis l'hôtel d'Estampes, contigu à l'ancienne

---

1. Ponctuer. Cf. le verbe anglais To Point.

2. DELISLE, *ut supra*.

3. Voir à la Bibliothèque Nationale, mss. Français 437 et 5707 et Nouvelles Acquisitions Françaises 1409, et à la Bibliothèque de l'Arsenal la cote 590, dont M. Delisle donne des facsimilés dans son *Souvenir de la Journée du 8 mars 1903*.

église de Saint-Pol [1]; et l'année suivante, il y réunit l'hôtel des abbés de Saint-Maur [2], qui touchait au cimetière de cette église et au jardin de l'hôtel d'Estampes et n'était séparé de l'hôtel des archevêques de Sens que par une allée. En 1364, il acquit un terrain à l'est de la rue de Petit-Musc; et deux ans plus tard, par suite d'assez longues négociations, il put acheter l'hôtel des archevêques de Sens [3], situé à l'extrémité de la rue Saint-Pol, aux bords de la Seine [4]. Ainsi, la nouvelle demeure royale comprenait le quadrilatère formé par la rue Saint-Antoine, la rue Saint-Pol, la Seine et la rue du Petit-Musc, — plus un terrain au delà de cette dernière rue qui s'étendait de la rue Saint-Antoine jusqu'aux murs du couvent des Célestins [5], — englobant en effet un amas de maisons plus ou moins grandes avec leurs dépendances, leurs jardins et leurs préaux [6]. Du reste, l'acte par lequel Charles V fit déclaration de l'union irrévocable de cette demeure au domaine de la couronne, témoigne, d'une façon assez émouvante, du sentiment qu'éprouvait le roi pour ce palais qu'il nomme solennellement « l'ostel de Saint-Pol ». Cet hôtel « de

1. L'emplacement de l'ancienne église royale de Saint-Pol-les-Champs, démolie en 1796, est à l'angle des rues Saint-Antoine-Saint-Pol, à gauche, en descendant cette dernière rue vers la Seine.

2. L'hôtel d'Estampes et celui des abbés de Saint-Maur constituaient, à proprement parler, l'hôtel Saint-Pol.

3. Cet hôtel ne doit pas être confondu avec l'hôtel de Sens qui se trouve aujourd'hui au carrefour formé par les rues du Figuier, de l'Hôtel-de-Ville et du Fauconnier, et qui date de 1474.

4. A l'angle gauche, en descendant la rue vers la Seine.

5. C'est-à-dire jusqu'à la rue actuelle de la Cerisaye, ouverte au XVIe siècle sur l'emplacement de la fameuse cerisaie de Saint-Pol, commencée sous le règne de Charles V.

6. Je dois ces détails, ainsi que ceux qui suivent sur l'hôtel Saint-Pol, à M. BOURNON, *L'Hôtel Royal Saint-Pol.* (*Mémoires de la Société de l'Histoire de Paris*, etc., t. VI, pp. 54-179)

granz esbatements, et ouquel nous avons eu plusieurs plaisirs, acquis et recouvré à l'ayde de Dieu santé de plusieurs granz maladies que nous avons eues et souffertes en nostre temps; pour lesquelles choses et autres qui à ce nous ont esmeu, ayens au dit hostel amour, plaisance et singuliere affeccion, avons voulu et ordené de notre propre mouvement, certaine science, plaine puissance et auctorité royal, voulons et ordenons, par la teneur de ces presentes, que nostre hostel dessus dit, tout ainsi comme il se comporte, extent en lonc, en lez, en toutes ses parties, haut et bas, avec touz les jardins, appartenances et appendances d'icelui quelconques, soit et demeure à touzjours perpetuellement propre domaine et heritage de nostre dit royaume et de la couronne. »

Le caractère peu symétrique de l'extérieur de l'hôtel de Saint-Pol s'oppose à sa description. D'ailleurs, il est possible que chaque corps de bâtiment gardât à peu près son propre contour, et eût sa porte particulière dans la rue contiguë. Mais, grâce à un rapport rédigé en 1519 sur l'hôtel d'Estampes [1], au moment de la vente de celui-ci par François Ier à la fabrique de l'église Saint-Pol, il est possible d'en tracer les grandes lignes [2]. Un grand portail et une poterne donnaient accès de la rue Saint-Pol à une vaste cour [3]; à gauche du portail un jardin touchait au presbytère de Saint-Pol ; à droite, des dépendances se rattachaient par une galerie à un corps d'hôtel dont les pignons couverts en tuiles avaient vue sur la rue. En face du grand portail il y avait encore des dépendances et un corps d'hôtel à toit d'ardoise qui

1. La première acquisition que fit Charles V et qui constitua en quelque sorte le cœur de l'hôtel Saint-Pol.

2. Comme ce rapport insiste sur la condition toute délabrée de l'hôtel, il est permis de voir dans cette description son plan à l'époque de Charles V.

3. Probablement la cour des joûtes.

donnaient sur une autre cour, dite du Lion [1]. Au fond de cette cour, entourée de bâtiments, de grandes galeries et où il y avait aussi un jardin, s'élevait la Tour Carrée, couverte de tuiles, avec un escalier à vis, où le roi avait l'habitude de garder son trésor. Au delà des bâtiments de la cour du Lion, un préau [2] et une troisième cour, entourée de logis, s'ouvraient sur la rue du Petit-Musc.

Le défaut de toute symétrie que montre l'extérieur de l'hôtel Saint-Pol sera corrigé à l'intérieur. Charles V chercha à unir les différents corps de bâtiments au moyen de galeries : les unes entouraient les jardins d'une sorte de cloître, les autres étaient dans l'intérieur des logis, celles du premier étage portées sur des piliers de pierre ornés de bases et de chapiteaux; et ces galeries mettaient en communication les bâtiments qui se touchaient. La distribution du plan de l'étage, où se trouvaient les appartements du roi et de la reine, consistait en la chambre du Conseil [3], qui communiquait avec une salle basse, où dînait le roi, et avec une autre chambre où il mangeait parfois. Ensuite, il y avait la grande chambre de parade, dite de Charlemagne [4], la chambre à coucher du roi, son grand cabinet, son petit cabinet dit d'étude, sa garde-robe, sa chambre de bains, celle des étuves et celle à chauffe-dos [5]. La chapelle était très grande; de plus il y avait

1. Cette cour avait au milieu une fontaine ornée d'un lion.

2. Parterre.

3. Voir SAUVAL, *op. cit.*, t. II, pp. 275-78, pour les dimensions de ces pièces. — La chambre du Conseil était longue de cinquante-deux pieds et large de vingt-huit pieds.

4. Selon SAUVAL, cette chambre avait quatre-vingt dix pieds de longueur et trente-six pieds de largeur.

5. Selon COTGRAVE, *A French-English Dictionary*, éd. 1650, Chauffe-dos veut dire : A fashion of small and low chimney, which hath a hole instead of a funnell for the voiding of smoke. — Il est à supposer qu'on avait l'habitude de se tenir le dos contre cette cheminée.

l'oratoire attenant à celle-ci et un « Priez-Dieu » large de dix pieds et demi sur quatre pieds et demi. Dans ces trois longues galeries se promenaient de long en large, riaient, chuchotaient les gens de cour. L'appartement de la reine et de ses demoiselles d'honneur était en effet un bâtiment distinct, séparé de l'appartement du roi par de huis clos. Il comprenait sa grande chambre [1], ensuite sa chambre à coucher, sa garde-robe, sa salle de bains et celle d'étuves, son grand cabinet, son petit cabinet, et à côté la grande galerie dite de la Reine. Charles V s'est efforcé de rendre cette galerie la plus belle de l'époque : du lambris jusqu'à la voûte, sur un fond de vert-gai [2], était représentée, comme dessus une terrasse qui suivait le long des murailles, une grande forêt pleine d'arbres et d'arbrisseaux, pommiers, poiriers, cerisiers, pruniers, tous chargés de fruits; et au pied des arbres semblaient pousser des lis, des flambes [3], des roses et d'autres espèces de fleurs. De petits enfants parcouraient la forêt, en cueillant les fleurs et en man-

1. SAUVAL ne donne que des renseignements très généraux sur le décor des chambres du roi et de la reine. Mais il paraît que les murailles d'une ou deux pièces étaient peintes en manières de briques, que les poutres et les solives portaient des fleurs-de-lis d'étain doré en relief, que les entre-vous étaient peints à la détrempe en différentes couleurs. Les chambres, les salles, les galeries et les chapelles étaient lambrissées des plus rares bois; et elles étaient ou plancheiées, ou pavées de carreaux de pierre blanche et noire, de marbre et de terre cuite verte, jaune et d'autres couleurs. Voir *ouvrage déjà cité*, t. II, p. 279.

2. Les murs des galeries étaient ordinairement ou blanchis de craie ou peints d'ocre détrempé l'un et l'autre avec de la colle. Le vert-gai dont se servait le peintre de la galerie de la Reine fut fait d'orpin [? orpiment] et de florée fine. — COTGRAVE, *ouvrage déjà cité*, dit au sujet du mot florée : The blew scumme of woad boyling in the Dyers lead ; which fleeted off, and dried into powder, serves Painters, and silk-Dyers for divers uses.

3. Iris germanica.

geant les fruits. Les branches des arbres se prolongeaient jusqu'à la voûte qui était peinte en blanc et en azur, avec un ciel à nuages. Outre la grande chapelle de la reine, qui tenait à la salle de Theseus, et la petite chapelle dans son appartement, celui-ci communiquait avec sa chapelle dans l'église Saint-Pol par le moyen d'un couloir, dans lequel la reine fit percer une croisée afin de pouvoir écouter le prêche qui avait lieu de temps en temps dans le cimetière de l'église. Les chambres et les salles importantes portaient des noms. Il y avait, par exemple, la grande chambre lambrissée, dite la chambre verte; la chambre des grandes aulmoires; la chambre dite de Matabrune [1]; et outre les salles de Sens et de Saint-Maur, dont les noms précisent leur position, il y avait la salle verte, la salle aux Bourdons et la salle de Theseus, ainsi nommée parce que les exploits de ce héros y étaient représentés sur les murailles. Cette dernière pièce se trouvait à côté de la vieille chambre de la reine [2] et donnait accès à sa chapelle. Les chapelles étaient très nombreuses, non seulement parce que deux des hôtels avaient été des propriétés ecclésiastiques, mais aussi à cause de la piété sincère du roi et de la reine; et Charles V enrichit la principale chapelle de douze statues en pierre, représentant les apôtres, « garnies chacune de coutelas, de croix, et des autres marques de leur martyre » [3]. Pour conclure, l'hôtel Saint-Pol était tellement vaste que les

---

1. MATABRUNE, dans le roman du *Chevalier au Cygne*, est la grand'mère et persécutrice des héros du récit. Il est possible que les murailles de cette chambre aient été décorées dans la manière de la salle de Theseus.

2. Il est question de monter un escalier à vis près de la grande chambre de parade du roi pour arriver à cette pièce, qui était peut-être une salle de repos ou bien de réception près de la grande chapelle de la reine. Voir plus loin le récit de la visite faite à la reine par l'empereur Charles IV.

3. SAUVAL, *op. cit.*, t. II, p. 281.

frères du roi, les ducs de Berri et de Bourgogne, son beau-frère le duc de Bourbon [1], et plusieurs grands du royaume, entre autres les seigneurs d'Harcourt et de la Tremoïlle, y avaient leurs appartements ; et chaque appartement princier avait des bains et des étuves.

Les noms des galeries, et ceux des jardins et des préaux qu'elles entouraient, fournissent en quelque sorte un plan à vol d'oiseau de ce domaine préféré de Charles V. Il y avait les galeries du Sauvoir [2], celles qui bordaient le jardin de la Cerisaie, au delà de la rue du Petit-Musc [3]; celles de la reine sur le grand préau, la grande galerie de la reine qui avait vue sur la cour [4]; les galeries du préau du roi, les galeries entre le grand préau et celui du Sauvoir, celles du dauphin [5], celles de Matabrune, et les galeries entre l'hôtel Saint-Pol, proprement dit, et l'hôtel de Sens. Ajoutez que Charles V, grand amateur de fleurs, aimait à voir ses jardins pleins de roses, de violiers, de giroflées, de marjolaine, de romarin et d'autres herbes ; et il y avait aussi des fraisiers, des laitues et des poireaux. Le roi et la reine aimaient également les oiseaux, surtout les papegais et les tourterelles; ils en gardaient dans leurs appartements dans des cages peintes en vert, treillissées de fil d'archal; et le roi fit faire une cage octogone, fermée de fil d'archal, pour son papegai favori. Du reste, la ménagerie royale de Saint-Pol était célèbre. On peut croire que la maison des lions se trouvait entre l'hôtel de Sens et la rue du Petit-Musc, où est aujourd'hui la

1. Louis II du nom, frère de la reine Jeanne.

2. Vivier. Voir COTGRAVE, *ouvrage déjà cité*.

3. Voir, plus haut, p. 5 note 5. Ce jardin a dû être contigu et même faire partie de celui qui s'appelait le jardin du Champ-au-Plâtre.

4. Probablement celle du Lion.

5 Selon toute apparence, il est question ici de l'hôtel Saint-Maur. V. p. 14.

rue des Lions, et qu'il y avait aussi un jardin pour les sangliers.

Dans les différentes basses-cours de l'hôtel, la vie de ménage avait dû fourmiller, bourdonner du matin jusqu'au soir : les cuisines, la pâtisserie, la sausserie, l'épicerie, la fruiterie, les garde-manger, la maison du four, la panneterie, la bouteillerie, l'échansonnerie, la pelleterie, la lingerie, la lavanderie, la taillerie, la fauconnerie, la charbonnière, le bûcher, les caves et le « lieu où l'on fait l'hypocras »[1] étaient remplis de tout un monde. En outre, il y avait les gens des poulaillers et des colombiers ; car le roi, en bon ménager, obligea les fermiers de ses terres à lui fournir des chapons, des poulets et des pigeons qui devaient être engraissés dans sa basse-cour comme dans celle d'un simple seigneur.

De même que dans une peinture du xv<sup>e</sup> siècle on voit se lever sur l'horizon les tours crénelées d'un château-fort, qui domine le fond du tableau, de même l'hôtel Saint-Pol semble dominer la vie de Louis d'Orléans : c'est là qu'il naquit, qu'il passa sa jeunesse ; c'est là que se jouèrent les terribles scènes de la querelle entre les maisons ducales d'Orléans et de Bourgogne ; et c'est vers l'hôtel Saint-Pol, par suite d'un faux message, que Louis se hâtait lorsqu'il fut assassiné.

Le second fils de Charles V et de sa femme, Jeanne de Bourbon, vint au monde à l'hôtel Saint-Pol, le samedi 13 mars 1371 (avant Pâques)[2]. Deux jours plus tard, à l'église royale Saint-Pol, vers midi[3], en la présence de Jean de Craon, archevêque de Reims, qui

1. SAUVAL, *ouvrage déjà cité*, t. II, p. 278.
2. 1372 (N. S.). En 1371, Pâques tomba le 6 avril.
3. DELACHENAL, *Chronique des règnes de Jean II et de Charles V*, t. II, p. 161.

administra le sacrement, et de douze autres évêques, le nouveau-né fut tenu sur les fonts baptismaux par le comte d'Estampes [1] et par le connétable Bertrand du Guesclin, au nom de son oncle Louis Ier, duc d'Anjou. Au cours de la cérémonie, le connétable porta à l'enfant une épée nue, et la lui fit toucher de sa main en lui disant : « Monseigneur, je vous donne cette espée et la met en votre main et prie Dieu qu'il vous doint un tel et si bon cueur que vous soyez encore aussi preux et aussi bon chevalier comme fut oncques roy de France qui portast espée [2]. »

Les premières années de Louis de France [3] s'écoulèrent paisiblement tantôt à Paris, tantôt aux bords de la Marne, ou à Senlis ou à Saint-Germain-en-Laye, suivant les déplacements de la cour. Le mandement royal [4] fait son premier portrait : à l'âge de deux ans le petit prince devait avoir un manteau, une cotte hardie [5], un chaperon, un baconnet [6], et un chapeau, tous fourrés de ventres d'écureuil. En outre, il est question de fin marbré [7] de Bruxelles à grand moison [8] pour ses fonds

1. Louis II du nom, arrière-petit-fils du roi Philippe III, dit le Hardi, et de Marie de Brabant sa femme.

2. JARRY, *La Vie Politique de Louis de France*, p. 2.

3. En 1376, Louis devint comte de Valois. Il ne devait jouir du comté qu'en 1393, à la mort de Blanche, duchesse d'Orléans, mais dorénavant les actes officiels ajoutent à son nom ce titre. En 1386, Charles VI conférera à son cadet, à titre héréditaire, le duché de Touraine, que Louis échangea en 1392 contre celui d'Orléans, dont il porta le titre jusqu'à sa mort.

4. Voir DELISLE, *Mandements et Actes divers de Charles V*. Nos 1031, 1033, 1040, 1062, 1282, 1302, 1306, 1311.

5. Vêtement court à manches, sans plis, ajusté à la taille et fermé par devant au moyen de boutons.

6. Selon VIOLLET-LE-DUC, *Dictionnaire du Mobilier Français*, sorte de pelisse doublée de fourrures.

7. Drap tissu avec laines de diverses couleurs.

8. Mesure. COTGRAVE, *ouvrage déjà cité*, ajoute : The full length of a piece of cloth, which in old time was wont to be at the least twenty elles.

de cuves [1], d'écarlate [2] vermeille et rosée pour ses chausses et pour la doublure de ses chaperons, de rubans d'or de Cipres et de soie pour orner ses robes, de braceroles [3] de blanc, d'un manteau d'hiver de fin pers, de gants de chamois fourrés de menu vair [4], à boutons de perles et à boutons d'or. Du reste, à l'époque des grandes fêtes de l'Eglise, les enfants royaux étaient vêtus de robes toutes neuves, tantôt faites d'écarlate sanguine, tantôt de fin pers [5] de Bruxelles. Ainsi, pour la fête de Noël 1376, Louis devait porter un habillement d'écarlate de cinq pièces: cloche [6], surcot clos, surcot ouvert, manches et poignets, chaperon fourré, avec un chapeau et une aumusse [7]. D'ailleurs, il porta vers cet âge un pourpoint brodé, de chausses mi-parties mourées [8] et blanc, et une houppelande [9] faite de fin gris de Bruxelles; et il avait aussi un petit manteau à revers.

---

1. Sorte de pardessus très ample, mais ajusté à la taille par des plis cousus.

2. Drap d'une qualité supérieure. Quant à l'étymologie de ce mot, LITTRÉ nous renvoie au latin galaticus de Galatie, province d'Asie où on recueillait autrefois beaucoup de kermès, tandis que SKEAT *(Etymological Dictionary of the English Language)* déclare que : — The Persian saqlatum is clearly the origin of the Middle English ciclatoun — et de ce dernier vient le mot anglais scarlet (sorte de vêtement ou étoffe). Encore au XVII^e^ siècle, en Angleterre, on entendait par ce mot l'étoffe et aussi la couleur. Voir dans la traduction anglaise de la Sainte Bible, Proverbes XXXI, 21. Voir p. 26 n. 3.

3. Camisole de nuit.

4. Fourrure de l'écureuil du Nord.

5. Etoffe couleur perse.

6. Espèce de cape ou manteau.

7. Capuchon avec pèlerine courte y tenant.

8. Selon DUCANGE, un noir violacé. Au XVII^e^ siècle, morreta donne en anglais murry, qui devint au XVIII^e^ siècle, selon Dr JOHNSON, murrey, signifiant darkly red. Cf. en anglais morelle cherry.

9. Surtout à manches et à collet, commun aux deux sexes. Portée d'abord sans ceinture, à l'époque dont nous parlons, la houppelande était souvent serrée à la taille par moyen d'une courroie.

D'après Sauval[1], ce serait dans l'ancien hôtel des abbés de Saint-Maur, appelé par Charles V l'hôtel de la Conciergerie, que se trouvaient les appartements du dauphin, plus tard Charles VI, et de son frère cadet. Les actes officiels ne donnent pas le décor de cette partie de l'hôtel Saint-Pol; mais il existe un mandement par lequel Charles V fit acheter pour le jeune comte de Valois « deux tapis à ses armes[2], l'un de trois aulnes de long et deux aulnes et demie de lé, l'autre de trois aulnes de long et deux aulnes de lé » et « six carreaux double, empliz de plumes, à ses armes[3] ». En tout cas, on peut croire que les appartements des enfants royaux étaient comparables à ceux du roi et de la reine. Ce fut dans les salles de l'hôtel Saint-Maur, dans les galeries qui l'unissaient à l'hôtel Saint-Pol et dans les différents jardins, que se divertissaient Louis de Valois et le dauphin avec leurs cousins Henri de Bar[4] et Charles[5] et Louis[6] d'Albret, avec Jean de Maingre, dit Bou-

---

1. SAUVAL, *ouvrage déjà cité*, t. II, p. 276.

2. D'azur semé de fleurs de lis d'or, au lambel d'argent de trois pièces pour brisure. Voir SAINTE-MARTHE, *Histoire Généalogique de la Maison de France*, t. I, p. 569.

3. DELISLE, *Mandements et Actes Divers de Charles V*, n° 1101.

4. Fils de Robert Ier, duc de Bar, et de Marie, sœur de Charles V. Henri de Bar devait épouser Marie, fille aînée et héritière d'Enguerrand VII, sire de Coucy. En 1396 il se fit croisé et, auprès de son beau-père, prit part à la bataille de Nicopolis, où il trouva la mort. En 1400, Louis de Valois achètera de sa veuve la seigneurie et baronnie de Coucy.

5. Fils d'Arnaud, sire d'Albret, et de Marguerite, sœur de la reine Jeanne. Nommé connétable en 1402, Charles d'Albret servit en Guyenne contre les Anglais en 1405-6, se joignit aux Armagnacs et fut destitué en 1411, mais rétabli deux ans plus tard. Il commandait l'avant-garde à la bataille d'Azincourt et y fut tué.

6. Frère du précédent. En 1402, il devait accompagner Louis de Valois en Lombardie.

cicaut[1]. Louis de Valois, moins âgé que les autres, a dû bientôt laisser de côté ses jouets d'enfance — le moulin tournant à vent, le cheval de bois, les animaux de terre cuite servant de sifflets, les vessies remplies de pois — pour prendre part aux jeux des aînés, aux marionnettes, au Colin-Maillard, aux barres, à l'escarpolette, aux échasses[2]. Les enfants furent élevés à peu près ensemble et échangeaient des étrennes avec la plus grande régularité — une patenôtre d'or, un fermail d'or à pierrerie, un reliquaire d'or « à angeloz et autres ymages » garni de joyaux, et maints autres objets de ce genre.

De bonne heure il fut question de l'éducation de Louis : « le sage roy son père luy fist amenistrer nourreture propice en toutes choses ; l'administracion et garde commist a une bonne et sage dame, appelée madame de Roussel, qui par grant soing le nourry, et la bonne dame, tres qu'il sceust aprendre à parler, les premières parolles que elle luy apprist fu son *Ave Maria;* et par elle fu si duit[3] que c'estoit doulcete chose luy oir dire, enfenciablement à genoux, ses petites mains joinctes devant l'image Nostre-Dame[4]. » Charles V tenait également à l'enseignement séculier de son fils, quoiqu'il ne

1. Fils de Jean le Maingre, dit Boucicaut, maréchal de France, le futur maréchal alla à l'âge de douze ans, sous Du Guesclin, combattre les Anglais en Normandie ; et dès lors il prit part à toutes les campagnes de l'époque. Créé maréchal de France en 1391, il accompagna la funeste expédition qui se termina par la bataille de Nicopolis et n'échappa que par miracle au massacre de ses compagnons. Gouverneur de Gênes de 1401-1409, le maréchal revint en France et combattit à la bataille d'Azincourt, où il fut fait prisonnier et emmené en Angleterre ; il y mourut en 1421.

2. Voir VIOLLET-LE-DUC, *ouvrage déjà cité* et FOURNIER, *Histoire des Jouets et des Jeux d'Enfants.*

3. Instruit.

4. CHRISTINE DE PISAN : *Le Livre des fais et des bonnes meurs du sage roy Charles V.* Première partie, c. XVI. Edition Petitot.

nous reste que le nom d'un seul de ses maîtres — Raoul de Justines, dit Pasques, qui deviendra aumônier et conseiller auprès de son ancien élève [1]. Du moins, dès sa première jeunesse, l'enfant dut montrer une intelligence vive et précoce, quelques signes même de cette « belle parleure aornée naturelement de réthorique [2] » qui, plus tard, le fera remarquer au conseil et ailleurs. Malheureusement nous ne savons que très peu de choses sur les livres d'instruction dont se servaient les précepteurs du jeune comte de Valois [3]; mais ce qui est certain c'est que, dès son enfance, il ne voyait autour de lui que les indices d'un luxe effectivement royal — de belles tapisseries, de verrières resplendantes, de riches joyaux, de reliques enchassées dans de l'or — et qu'il grandissait dans une atmosphère de curiosité extrême pour tout ce qui concerne les beaux arts et les belles lettres.

Les enfants royaux prirent part à tous les spectacles de la cour. Dans la miniature où est représentée la scène de l'hommage de Louis II, duc de Bourbon, pour le comté de Clermont-en-Beauvais [4], le dauphin et son frère sont représentés au côté gauche du roi sur les marches du trône, portant de fond-de-cuves travaillés à leurs armes. Egalement en 1378, lorsque l'empereur Charles IV vint en France en pèlerinage à Saint-Denis et à Saint-Maur,

---

1. Voir GRAVES, *Quelques pièces relatives à la vie de Louis d'Orléans et de Valentine sa femme*, pp. 40, 45, 122.

2. CHRISTINE DE PISAN, *ouvrage déjà cité*, c. XVI.

3. Les actes officiels les ignorent, mais dans l'Inventaire de la Librairie du Louvre, il est question d'un missel noté baillé à Monseigneur de Valois « pour construire les évangiles », d'un autre missel de grosse lettre et d'un ouvrage en prose intitulé : « Le gouvernement des rois et princes selon Giles l'Augustin ». Voir DELISLE : *Cabinet des Manuscrits*, t. III, pp. 124, 138.

4. Bibliothèque Nationale, Estampes O, a-12, fol. 8. Voir COUDERC, *Album de Portraits*, où est reproduite cette miniature.

mais comme il annonçait, « principalement pour veoir le Roy, la Royne et leurs enfans [1] », le dauphin et Louis de Valois assistèrent à la visite que fit Charles IV à la reine, à l'hôtel Saint-Pol, avec son fils le roi des Romains. Les hôtes s'embarquèrent au Louvre, où ils étaient logés, dans le bateau royal « qui estoit fait et ordonné comme une belle maison, moult bien paint par dehors et paré dedans [2] » ; et passant par dessous le Grand Pont [3], ils se rendirent à l'hôtel de Sens où ils furent magnifiquement accueillis. Au milieu de la cour, le dauphin et Louis de Valois, vêtus de drap d'or, de chapelets d'or à perles sur la tête devaient s'agenouiller, d'abord devant le roi, ensuite devant l'empereur, qui était dans une litière, car il avait la goutte. Après que l'empereur les eut baisés, ils furent portés « entre bras [4] » devant le cortège, par la grande chambre de parade et l'escalier en vis jusqu'à la chambre à côté de la salle de Theseus, où la reine devait recevoir l'empereur. Après le dîner servi dans la salle de Sens, pendant que l'empereur parlait avec la duchesse de Bourbon, sœur de sa première femme, la reine et ses fils vinrent le trouver. Les enfants plaisaient beaucoup à Charles IV, et la reine resta longtemps assise à côté de lui. D'ailleurs, elle lui fit cadeau d'un beau reliquaire d'or garni de joyaux ; et le dauphin devait lui offrir deux braques « à coliers d'or et de belles laisses [5] » faites de soie ferrées à fleurs de lis.

Telle fut l'enfance de Louis de Valois. De cette

1. Delachenal, *ouvrage déjà cité*, t. II, p. 198.
2. Christine de Pisan, *ouvrage déjà cité*, c. xviii.
3. Aujourd'hui, le Pont-au-Change remplace à peu près le grand pont du xive siècle.
4. Christine de Pisan, *ouvrage déjà cité*, c. XLII.
5 Christine de Pisan, *ouvrage déjà cité*, c. XLIV et Godefroi, *Entrevues de Charles IV, Empereur et Charles V, Roy de France*, édition 1612, p. 103.

enfance sort, en vrai filleul du Dixième Preux, un jeune homme robuste, tant de corps que d'esprit, qui « bel se contient à cheval ; abillemens à feste se scet avoir, et très bien dance ; jeue par courtoise maniere ; rit et soulace entre dames avenamment [1]. » Mais ce n'est pas tout. Ce fils de l'ancienne chevalerie est également l'enfant d'un nouvel âge, nourri d'un vin bien capiteux, de mets bien riches. La mort prématurée de Charles V [2] laisse les brides sur le cou à ce garçon d'un tempérament fougueux et ambitieux. Et Louis est doué d'une vive intelligence, d'un charme éclatant.

Il serait hors du cadre de cette esquisse de tracer le développement graduel de la lutte entre les maisons d'Orléans et de Bourgogne ; mais il est à remarquer que Charles VI, après son avènement au trône, non seulement continue à son cadet leur amitié d'enfance, mais semble dépendre de plus en plus de Louis, qu'il aime avec dévoûment et qu'il veut combler de bienfaits. A partir de la fin de la tutelle de Charles VI, Louis, devenu duc de Touraine en 1386, commence à figurer au Conseil et à se faire valoir dans la politique ; car il avait soutenu le roi contre leurs oncles régents, et il favorise avec ardeur le gouvernement des « Marmousets », anciens conseillers de Charles V. Un projet de fiançailles entre Louis et Catherine, fille aînée et héritière du roi de Hongrie, ayant échoué par suite de la mort de Catherine, son mariage fut arrangé avec sa cousine germaine, Valentine Visconti, fille unique de Jean Galéas, seigneur de Milan, comte de Vertus en France [3], et de sa première femme, Isabelle, sœur de feu le roi Charles V.

1. Gracieusement.
2. En 1380.
3. Fief français que posséda Jean Galéas de son mariage avec Isabelle de Valois.

Laissant de côté le marché politique — Jean Galéas, dans la personne de son gendre royal, neutralise l'influence bavaroise à la cour de France [1]. Le frère du roi jouit d'une dot de 450.000 florins d'or et prend pied dans l'Italie — c'est un mariage de convenance peu ordinaire. Valentine est destinée au siècle d'or : chez elle, cette curiosité intellectuelle du XIV^e^ siècle semble se résoudre en une fine compréhension et en un entendement critique. Elle est douée de la forte intelligence et de l'esprit souple de sa race ; et elle est très belle femme. Au reste — « queste erano le doti di mente et di cuore che tanto potevano sull'animo di Carlo VI, suo cognato, divenuto maniaco, calmandone i furori... [2] » Elle naquit au château de Pavie en 1366. Dans cette demeure à l'extérieur tout formidable, à l'intérieur tout séduisant [3], elle grandit, environnée d'un bien-être luxueux, de la magnificence à la fois royale et commerçante qui caractérisent la cour des Visconti. Les poètes, les écrivains, les savants, les peintres, les sculpteurs dont Jean Galéas aimait à s'entourer, peuplent son monde ; la fameuse bibliothèque est son royaume. Sa vie se passe au grand soleil, dans les loggias, dans les salles aux nombreuses fenêtres, parmi des jardins de plaisance.

---

1. En 1385, Charles VI avait épousé Isabeau, fille du duc Etienne de Bavière et de Taddea Visconti. Jean Galéas, afin d'affirmer sa puissance partout en Lombardie, avait fait disparaître son oncle Barnabo Visconti, le père de Taddea, et avait chassé ses frères ; ainsi il avait à craindre une influence bavaroise auprès de Charles VI. D'ailleurs il est hors de doute que Jean Galéas comptait exercer un grand ascendant sur son gendre et entendait s'en servir, en France et en Italie.

2. ADDA, *Indagine storiche, artistiche e bibliografiche sulla libreria Visconteo-Sforzesca del Castello di Pavia.* Parte Prima, p. XI.

3. Voir MAGENTA : *I Visconti e gli Sforza nel Castello di Pavia.* Vol. I, pp. 78-9.

Le 8 avril 1387 [1] fut signée à Pavie, par procuration, la ratification du contrat de mariage entre Louis et Valentine. Elle devait recevoir, en dehors de sa dot [2], le comté d'Asti avec certaines autres villes et terres en Piémont, et le comté de Vertus en France, que tenait Jean Galéas. Enfin, il fut convenu que dans le cas où Jean Galéas décéderait sans héritier mâle légitime, Valentine recevrait tout son héritage [3]. De son côté, Louis assura à Valentine, au choix, ou un douaire de 6.000 livres, ou un douaire territorial, selon la coutume en France. A l'occasion de la signature du contrat, Charles VI accorda à Jean Galéas le privilège de porter dans son écu, en chef et à dextre, un quartier aux armes royales [4].

La campagne de Gueldre que fit le duc de Touraine en 1388 retarda le jour du mariage; mais au mois de juin 1389, Valentine commença son long voyage. Elle traversait assez lentement ses nouvelles terres dans le Piémontais, et, vers le milieu du mois de juillet, était près de Mâcon. Les envoyés français l'attendirent au pont; et la conduisirent à Dijon, puis à Melun, où Charles VI l'accueillit avec beaucoup d'honneur. Louis et Valentine se voient alors pour la première fois et s'aiment tendrement — d'un amour auquel il restera sensible, auquel elle sera fidèle toute sa vie.

1. Après Pâques.

2. Jarry, *ouvrage déjà cité*, p. 392, publie le contrat de mariage de Louis et de Valentine et en analyse les articles. (pp. 30-31.)

3. En 1388 naquit un fils, Jean Maria, du second mariage de Jean Galéas avec Catherine, fille de Barnabo Visconti, et en 1392 viendra au monde un autre fils, Philippe Maria, mais la lignée mâle des Visconti s'éteindra avec ce dernier, qui ne laissa qu'une fille, femme de Francesco Sforza. Selon les prétentions des rois de France, cet article du contrat de mariage commença dès lors à être exécutoire. De là les guerres italiennes de Charles VIII, de Louis XII et de François Ier.

4. Jarry, *ouvrage déjà cité*, p. 30.

A Melun, le 17 août, eut lieu la grande cérémonie en présence du roi, de la reine et d'une brillante assemblée de la cour [1]. L'antique ville fut en fête, car Charles VI célébra le mariage de son cadet avec splendeur, à ses frais et dépens [2]. Trois jours plus tard, la reine Isabeau fit une entrée solennelle à Paris qui devait précéder son sacre; elle était accompagnée de sa nouvelle belle-sœur, la duchesse de Touraine. Le cortège se forma sur la route de Saint-Denis; la reine, la duchesse de Bourgogne, la duchesse de Berri, la duchesse de Bar, la comtesse de Nevers, la dame de Coucy et leurs dames et demoiselles d'honneur étaient dans de belles litières à chevaux; la duchesse de Touraine chevauchait un palefroi très richement caparaçonné [3]. Les ducs de Touraine et de Bourbon accompagnaient à cheval la litière de la reine; les comtes de la Marche et de Nevers étaient avec la duchesse de Touraine : et « des autres dames et demoiselles qui venoient derrière sur chars couvers et sus pallefrois n'est-il nul mention, et des chevaliers qui les sievoient... Tant y avoit grant peuple et grant presse sur les rues que ce sembloit ung monde. » L'entrée à Paris se fit par la porte Saint-Denis. Ensuite la longue cavalcade passa par la rue Saint-Denis, dont les maisons étaient tendues de tapisseries depuis la porte jusqu'au Châtelet; et, traversant le Grand Pont, qui était couvert tout au long de sendal vert et blanc et paré « si richement que riens on n'y sceuist », elle arriva devant l'église Notre-Dame. Il était déjà tard, car à plusieurs endroits de la route, notamment près du monastère de

1. Voir MAGENTA : *ouvrage déjà cité*, p. 185.
2. LE RELIGIEUX DE SAINT-DENIS, *Chroniques*, livre X.
3. Je dois les détails ensuivants de l'entrée à Paris de la reine et de la duchesse de Touraine à FROISSART. Voir *Chroniques*, édition Lettenhove, t. 14, pp. 5-19.

la Trinité dans la rue Saint-Denis, et à la porte du Châtelet, il y avait eu des spectacles et des divertissements que la reine et les dames « veyrent moult voulentiers ». Encore un spectacle les attendait à Notre-Dame, où un « maistre engigneur d'appertise », un Gênois, portant dans ses mains deux cierges allumés, devait marcher sur une corde tendue entre une des tours de Notre-Dame et la plus haute maison du Pont-Saint-Michel. L'évêque de Paris, Pierre d'Orgement, et le clergé de Notre-Dame, qui avaient accueilli la reine devant le grand portail, entrèrent dans l'église en tête du cortège, chantant « hault et cler à la loenge de Dieu et de la Vierge Marie ». Quand la reine eut dit ses oraisons au maître-autel et donné son offrande à la trésorie Notre-Dame, le cortège reprit son chemin ; et la reine, la duchesse de Touraine et les autres dames s'en allèrent au Palais pour danser et pour y dormir. Le jour suivant, la reine entendit la grand'messe à la Sainte Chapelle ; et pendant la messe, qui fut dite par l'archevêque de Rouen [1], elle fut sacrée et ointe. Ce même jour, le roi donna un grand dîner dans la salle du Palais [2] : la table de marbre fut couverte d'une immense planche de chêne, épaisse de quatre pouces, et le couvert du roi fut servi dessus. A cette table, il y avait l'évêque de Noyon, l'évêque de Langres et, à côté du roi, l'archevêque de Rouen ; puis le roi, la reine, le roi d'Arménie [3], la duchesse de Berri, la duchesse de Bourgogne, la duchesse de Touraine, la duchesse de Bar, la comtesse de Nevers et Mademoiselle Marie d'Harcourt [4]. Outre

1. Guillaume de Vienne.

2. Probablement la salle des Pas-Perdus.

3. Léon, roi d'Arménie, détrôné par les Turcs recevait des dons assez importants et plus tard aura une pension de la cour de France.

4. Petite-nièce de la reine Jeanne de Bourbon.

les ducs de Touraine, de Berry et de Bourgogne, plus de cinq cents personnes devaient dîner dans la salle; mais la presse était telle qu'on pouvait à peine les servir. En effet, il y avait tant de monde, et la chaleur devenait si accablante, que la reine faillit s'évanouir; et il fallut casser une fenêtre près d'elle afin de lui donner de l'air. Exactement à cinq heures, la reine et la duchesse de Touraine et les duchesses de Berri et de Bourgogne et les autres dames partirent du Palais dans leurs litières et à cheval, se rendant à l'hôtel Saint-Pol, accompagnées d'un très grand nombre de cavaliers. Le roi vint les rejoindre par la Seine; et, dans une vaste salle, couverte et tendue de tapisseries, qu'il avait fait ériger dans la principale cour de l'hôtel, il donna à souper. La reine, fatiguée, demeura dans son appartement [1]; mais le roi et les dames et les seigneurs dansèrent jusqu'au point du jour. Le lendemain, se présentèrent quarante des plus notables bourgeois de Paris, « vestus tous d'un drap tous parauls », avec de riches cadeaux de la ville de Paris pour le roi, la reine, et pour la duchesse de Touraine [2]. Les serviteurs qui portèrent les cadeaux étaient déguisés, les uns en sauvages, les autres en ours et en licorne; et ceux chargés du cadeau pour la nouvelle duchesse étaient habillés en maures, le visage noirci et la tête coiffée de turban blanc.

Voilà pour la miniature; ce sont les lettres initiales de la chronique qui en encadrent les menus détails. Mais autant que le permet un document écrit, les mandements, les quittances et les inventaires nous donnent un tableau de la vie quotidienne de Louis et de Valen-

1. La reine était enceinte.
2. Voir *Inventaire,* I, p. 80, pour la description de la vaisselle donnée à Valentine par la ville de Paris.

tine ; et les éléments d'information que fournissent les inventaires suivants sont tout au moins d'un caractère précis et impersonnel. Je vais traiter de ces matières article par article.

Tapisseries et chambres. — A l'époque dont il est question, l'usage d'emporter à dos de bêtes de somme, dans les fréquents déplacements de la cour, la plupart de l'ameublement, en déterminait le poids et les dimensions. La partie mobile consistait en coffres et en bahuts ; ils servaient à transporter les robes, la vaisselle, etc., et faisaient l'office d'armoires et de sièges. Il y avait des bancs, des escabeaux et des tabourets. La chaise, c'est-à-dire la « chayere » de cérémonie, n'était pas encore la belle chaire à haut dossier richement sculpté ; mais elle était essentiellement le siège d'honneur ; et il n'y en avait d'habitude qu'une dans chaque pièce. Elle était de bois, généralement drapée au moyen d'une couverture jetée sur le dossier, le siège et les bras [1]. Le dressoir [2], sur lequel on plaçait dans la salle des festins les grandes pièces d'orfèvrerie, était fixe. Le bois de lit est également stable : souvent son chevet s'élève et est composé de panneaux sculptés. Le ciel et le dossier étaient fixés au plafond et au mur. Sur le décor des meubles, l'ogive domine encore ; mais l'influence des nouvelles idées commence à ajouter à la décoration, plus ou moins architecturale, l'ornement profane, le chiffre, l'emblème ou l'écusson. Du reste, un âge déjà assez fastueux saisit toute occasion d'embellir les murailles, le lit de bois et les sièges, par le moyen des plus magnifiques tapisseries, et des plus riches tentures et couvertures.

---

1. Voir pp. 28, 30.
2. Selon Laborde, *Glossaire Français du Moyen Age*, la forme du dressoir était arbitraire ; mais le nombre des degrés était déterminé par l'étiquette, suivant le rang des personnes.

Les tapisseries, mentionnées dans les inventaires, étaient à haute lisse [1], et étaient accrochées seulement au chef et tombaient jusqu'au sol. Elles servaient à masquer les portes, qui étaient souvent sans vantaux; et l'entrée se faisait alors par une fente verticale pratiquée dans la tapisserie. Parmi celles que possédèrent Louis et Valentine [2], plusieurs représentaient des personnages mythologiques et historiques, comme les tapisseries de Theseus [3], de Charlemagne [4], de Saint-Louis [5] et de la bataille des Trente [6]; et sur l'une était figurée l'allégorie des Sept Vices et des Sept Vertus [7]. D'autres encore dépeignaient les faits du culte : l'Arbre de Vie [8], le Jugement [9], le Couronnement [10], le Grand Credo [11], le Vieux et le Nouveau Testament [12]. Il est possible que la plupart de ces tapisseries fussent tissées en laine sur une chaîne ou de laine ou de lin; mais nous savons assurément que le tissu des tapisseries de Saint Louis et des Sept Vices et des Sept Vertus était d'or, et que celui d'un

1. Tapisserie où la chaîne est montée verticalement sur le métier. Dans la tapisserie à basse lisse, dont on faisait les tentures et les coussins, en général l'ameublement de moins grandes dimensions ; la chaîne est montée horizontalement sur le métier.

2. Quoique l'Inventaire II ait été rédigé un an après le meurtre de Louis d'Orléans, il est suffisamment clair, vu l'état des finances de la famille d'Orléans au moment de la mort du duc, que les tapisseries, les chambres, les chapelles, les reliquaires et les ustensiles, en dehors de ceux spécifiés déjà dans l'Inventaire I, et de ceux qui portent l'écusson de Valentine, doivent avoir appartenu à Louis d'Orléans.

3. Voir Inventaire II, n° 1021.

4. *Idem*, n° 1022.

5. *Idem*, n° 1024.

6. *Idem*, n° 1091.

7. *Idem*, n° 1023.

8. *Idem*, n° 1016.

9. *Idem*, n° 1017.

10. *Idem*, n° 1018.

11. *Idem*, n° 1060.

12. *Idem*, n° 1061.

petit « tiercellet [1]», sur lequel étaient figurés des enfants se baignant dans une rivière, était d'or et de laine. Les tapis velus, appelés plus tard tapis à la façon de Turquie [2], étaient encore tendus sur les murs et étaient formés de même que le velours, c'est-à-dire, de fils de laine, qui après s'être noués autour de la chaîne, la dépassaient en longues mèches juxtaposées ; ces mèches, coupées également à l'extrémité, offraient à l'œil l'intérieur et le velu de la laine. A l'égard des ensembles de tentures, couvertures etc. qui composèrent les ameublements des pièces et qu'on appelait alors chambres, Louis et Valentine en possédèrent grand nombre, en satin, en velours, en drap brodé et en tapisserie. Entre autres, il y en avait une de satin en graine [3], brodée à cerfs et à soleils en or de Cipres [4], et au milieu du dessin il y avait une tourterelle qui tenait un rouleau avec la devise *A bon droit* [5]. Cette chambre consistait en un ciel et un dossier de lit, joints l'un à l'autre, en une courte-pointe, trois courtines et six carreaux. Il y en avait aussi de satin en graine, losangé de fil d'or, le dedans de chaque losange semé de lis blancs, et dont le centre consistait en un prè et quatre images « tous brodés » [6] ; il y avait encore une chambre de taffetas pers à « baterie », armo-

1. Voir Inventaire II, n° 1019. Tapisserie fabriquée de la même façon que l'étoffe tissue de trois espèces de fil, qu'on appelait autrefois tiercelin.

2. *Idem*, n° 1036.

3. Voir Inventaire I, n° 130. Teint avec la graine d'écarlate. Comme le kermès, d'où vient cette couleur, se vend desséché, et a aussi l'apparence d'une petite graine rouge, on croyait autrefois que c'en était une; de là le nom de graine d'écarlate.

4. De l'or filé. Au moyen âge, l'or de Cipres servait à faire des draps et des broderies d'or.

5. Devise qu'adopta Valentine lors de son mariage.

6. Voir Inventaire I, n° 132.

riée aux armes de Valentine[1]. Une des chambres de velours était de bleu « ynde », semée de fleurs de lis d'or, armoriée au centre des armes de l'empereur d'Allemagne et du roi de France, entourées des armes de plusieurs seigneurs. Seulement les dessus des carreaux de cette chambre étaient de velours, les dessous étant de cuir[2]. Les chambres de drap étaient d'habitude très richement brodées : il y en avait une de drap d'or, brodée à roses, avec des bordures en graine[3], une de drap d'or vermeil, brodée à léopards, à cerfs et à fleurs[4], une de drap d'azur brodée en or à rayons de soleil[5], une de drap d'or brodée à épis de blé[6], enfin une en serge verte brodée à feuilles d'ortie, emblème de Louis d'Orléans[7]. Une des chambres de tapisserie à haute lisse, faite d'or et de soie, représentait des dames jouant de la harpe et de petits enfants[8] ; et sur une autre, faite d'or et de laine, était figurée l'histoire d'une déesse[9]. Les matelas semblent avoir été couverts de cendal[10] ; et il y avait plusieurs oreillers de satin blanc, brodés à *V.V.S.*[11]. Outre les chambres proprement dites, il y avait des pavillons, ou couronnes de lit, notamment un en satin blanc donné à Louis par un de ses chambellans, Jean de Roussay[12], un pavillon de boucassin blanc,

1. Voir Inventaire II, n° 1049 et p. 28 note 8. « Baterie » veut dire métal battu en feuilles minces et ainsi employé sur les étoffes. Souvent ce métal battu fut enroulé sur un fil de soie.
2. Voir Inventaire I, n° 134.
3. Voir Inventaire II, n° 1009.
4. Voir Inventaire I, n° 133.
5. *Idem*, n° 135.
6. Voir Inventaire II, n° 1077.
7. *Idem*, n° 1045.
8. *Idem*, n° 1005.
9. *Idem*, n° 1032.
10. *Idem*, n° 833.
11. *Idem*, n^os^ 350-52.
12. Voir Inventaire II, n° 1038.

brodé à aiguillons de porc-épic [1], un semé de fers à cheval [2], un de serge verte bordé à V. V. [3]. Le dais du duc était de drap d'or et de velours ; il avait été fabriqué à Avignon [4]. Entre autres draps d'or et de soie, il y en avait plusieurs de baldaquin brochés d'or à lions, à éperviers et à gerfaux [5]. Les couvertures de chaises, de bancs et de selles nécessaires spécifiées dans les Inventaires sont peu nombreuses : les « chayeres [6] » étaient ou de velours brodé d'or ou de cuir gaufré ; les « banquiers [7] » étaient de tapisserie, et il y en avait sept aux armes de Jean Galéas [8] ; les selles nécessaires étaient couvertes de drap [9]. Les draps, les touailles, les nappes et les serviettes étaient de lin. Pour conclure, outre un grand nombre de tentures de tapisserie, de tapis velus, de courtines, de courte-pointes, de coussins, énumérés sans autre description, il y avait des serpillières, dont la plupart consistaient en vieilles tentures, et de « cuirées [10] » qui servaient à couvrir les coffres chargés sur sommiers.

---

1. Voir Inventaire II, n° 1039. Emblème d'un ordre de chevalerie que créa Louis d'Orléans. Selon CHAMPOLLION-FIGEAC, *Louis et Charles, ducs d'Orléans*, p. 64, le nombre des chevaliers du Porc-Epic n'étaient que de vingt-cinq, et ils devaient faire preuve de quatre degrés. Ils portaient la soutane de fine écarlate violette, et par-dessus un manteau de velours azuré, doublé comme le chaperon, de satin incarnat cramoisi, et par-dessus encore, le collier de l'ordre composé de plusieurs chaînes d'or tortillées. Un porc-épic d'or, sur une terrasse émaillée de verdure et de fleurs, y était appendu. La devise de l'ordre était : *Cominus et eminus*.

2. Voir Inventaire II, n° 1041.

3. *Idem*, n° 1086.

4. *Idem*, n° 1010.

5. *Idem*, n°s 495-501.

6. *Idem*, n°s 1054 et 94.

7. Voir Inventaire I, n° 137.

8. D'argent à la givre d'azur, l'issant de gueules; autrement dit, au serpent d'azur, qui engloutit un enfant de gueules.

9. Voir Inventaire II, n° 1097.

10. *Idem*, n°s 1058, 1110-11 [Peaux à mettre par terre].

Chapelles. — Il semble que la faculté morale de Louis d'Orléans soit écrite sous la rubrique de la dévotion : c'était en effet l'expression d'une nature où régnait la passion. Il ressort des pages de l'Inventaire où sont décrits les parements d'autel, les vêtements et les ornements sacerdotaux, que Louis était aussi soucieux du décor de sa religion que de celui de ses appartements. Une des chapelles était de drap de soie blanc brodé d'or, consistait en frontal, dossier, parement de nappes, en trois chapes armoriées aux armes de France et de Milan, en un pectoral d'argent doré [1], émaillé aux mêmes armes. Les « boullons [2] » sur les chaperons des chapes étaïent également d'argent doré, et les chapes avaient des bordures tout le long d'or de Cipres. Il y avait aube, amict, étole, manipule, ceinture et chasuble pour le prêtre ; aube, amict, étole, manipule et dalmatique pour le diacre ; et aube, amict, ceinture, tunique et manipule pour le sous-diacre. Le parement du lutrin était de satin blanc, brodé d'or vermeil de Cipres et frangé de soie vermeille, ainsi que le coussin pour le livre et l'étui à corporaux. Il y avait une couverture de toile et deux de taffetas blanc [3]. D'autres chapelles étaient de drap d'or sur un champ vermeil [4], de drap d'or sur un champ pers, brodé à oiseaux et à « bestes grans et fleurs larges [5] » ; de drap de lin brodé à feuillage de noir, doublé de taffetas noir et brodé de drap d'or de Cipres [6] ; de

1. Le pectoral ou rational, proprement dit, était un bijou mystique, d'origine juive, qui couvrait la poitrine de l'évêque; mais il faut croire que le pectoral du XIV<sup>e</sup> siècle fut plutôt un mors ou fermail de chape. Voir au Musée Métropolitain à New-York, collection Pierpont Morgan, le n° 17-190 : 793.

2. Boutons par moyen desquels étaient attachés les chaperons des chapes.

3. Voir Inventaire II, n° 989.

4. *Idem*, n° 990.

5. *Idem*, n° 999.

6. *Idem*, n° 991.

velours vert, chevronné de vermeil et brodé d'or à pots de fleurettes, et dont le parement de nappe était frangé de soie rouge, verte, blanche et bleue [1]. Il y avait aussi un « oratoire » de cendal noir qui comprenait deux draps de sièges : l'un de satin noir, armorié aux quatre coins aux armes de Louis et de Valentine ; l'autre de drap de Lucques vermeil, brodé à petites bêtes et à croissants d'or et pareillement armoriés [2]. La pierre d'autel, comprise dans l'ameublement de l'oratoire, était de marbre noir [3]. Parmi les grandes croix énumérées dans les Inventaires, une était d'argent doré, montée sur une châsse soutenue de deux anges et garnie de vingt petits rubis et de huit saphirs ; un camaïeu représentait la Tête, et le revers de la croix portait au centre un *Agnus Dei* [4]. Il y avait une image d'argent doré de Notre-Dame, assise sur un trône, dont le piédestal était d'argent [5]. Les calices et les patènes étaient d'argent doré : un calice avait le pied orné d'un crucifix et d'images de Saint-Jean et de Notre-Dame, et la patène portait un tableau de trahison de Notre-Seigneur [6]. D'autres calices et patènes étaient émaillés aux armes d'Orléans et d'Orléans et de Milan [7]. Il y avait une paix d'or à une fleur de lis avec un crucifix, tout entourée de perles, de saphirs et de rubis balais [8]. Les autres paix étaient

1. Voir Inventaire II, n° 995.
2. *Idem*, n° 998.
3. Pierre sur laquelle le prêtre consacre et qui a été consacrée auparavant par un évêque. Comme il n'y a aucune mention d'un *loculus* pour reliques dans cette pierre, elle a dû ressembler d'assez près à la pierre d'autel qui fait partie de la collection Abbey Dore au Musée South Kensington à Londres. Voir au sujet d'autel portatif, FORTESCUE, *The Ceremonies of the Roman Rite Described*, p. 3 et note 2.
4. Voir Inventaire II, n° 992.
5. *Idem*, n° 993.
6. *Idem*, n° 1001.
7. *Idem*, n° 994.
8. *Idem*, n° 553.

d'argent doré et d'argent ; elles étaient souvent émaillées d'un crucifix [1]. Les clochettes, les boîtes à hosties, les burettes, les bassins, les bénitiers et les goupillons et les chandeliers étaient également d'argent doré et d'argent [2]. Il est à remarquer que les croix, les calices, les patènes, les paix et autre *necessaria missae* qu'apportait la duchesse d'Orléans d'Italie semblent avoir été dorés, c'est-à-dire ou de bronze ou de cuivre doré [3]. Parmi ceux-ci étaient deux petites statues d'anges dorées, à ailes émaillées, tenant chacun un chandelier [4].

Reliquaires. — Les reliquaires décrits dans les pages suivantes offrent une grande diversité, tant de forme que de caractère. Il y en a qui renferment des objets saints ; mais la plupart de ceux qui sont désignés sous cette dénomination ne semblent contenir aucune relique ; quelques-uns même semblent plutôt des pièces d'orfèvrerie à joyaux et ne servaient évidemment qu'à enchâsser images ou tableaux. La duchesse possédait une petite croix d'argent « garnie de vraye croix [5] » ; et elle tenait, probablement de son mari, un reliquaire émaillé d'un côté d'un crucifiement et orné de l'autre d'un camaïeu et qui gardait des reliques de saint Louis [6]. Il y avait aussi un reliquaire rond de cristal, travaillé d'argent doré, qui contenait une côte ou de saint Denis ou de saint Louis [7]. Parmi les reliquaires sans reliques spécifiées, il y avait un fait d'or, « ystorié de saint Denis », qui était soutenu par six dauphins et était très richement garni à rubis balais, à saphirs et à trochets de perles,

1. Voir Inventaire II, nos 997, 1001.
2. *Idem.*
3. Voir Inventaire I, nos 102-114.
4. *Idem*, no 108.
5. Voir Inventaire I, no 83.
6. Voir Inventaire II, no 262.
7. *Idem*, no 386.

chaque trochet ayant au milieu une émeraude[1]; un autre, fait d'or et entouré de menues perles, était carré et émaillé « de la pitié Nostre Seigneur[2] ». Il y en avait encore un fait d'or et de jaspe, garni de pierreries, qui se fermait « à viz » et contenait une image de saint Georges[3]; et un autre, fait également d'or à saphirs, à rubis balais et à menues perles, encadrait une image de saint Antoine[4]. Les reliquaires-joyaux se prêtaient particulièrement à la fantaisie de l'orfèvre. Un reliquaire en forme de pomme d'or qui s'ouvrait était orné d'une perle; l'extérieur portait des figures d'apôtres en émail, l'intérieur représentait l'Annonciation[5]. Une autre pomme d'or, émaillée de rouge clair et garnie de rubis balais et de perles, était en deux moitiés; dans l'une était taillée la tête de sainte Catherine, dans l'autre étaient la roue et l'épée[6]. Un autre reliquaire consistait en une calcédonie creuse, l'extérieur garni à perles, à un rubis balais, à un saphir et à une émeraude, l'intérieur taillé à images en relief de saint Georges avec la sainte Vierge, saint Christophe et sainte Catherine[7]. Le tableau d'or proprement dit était ou un diptyque ou un triptyque, ou fait à pignons. Il y avait un diptyque émaillé au revers et entouré de rubis balais, de saphirs et de perles, et ses volets représentaient, l'un le Crucifiement et l'autre Notre Seigneur au Saint-Sépulcre[8]. Un grand diptyque d'or, à menues pierreries, était sculpté sur ses deux faces: un volet portait au revers le Baptême de Notre Seigneur et sur la face le Crucifiement;

1. Voir Inventaire II, n° 246.
2. *Idem*, n° 255.
3. Voir Inventaire I, n° 34.
4. Voir Inventaire II, n° 252.
5. *Idem*, n° 256.
6. *Idem*, n° 270.
7. *Idem*, n° 249.
8. *Idem*, n° 268.

l'autre volet avait au revers sainte Catherine et sainte Marguerite et sur la face Notre-Dame [1]. Il y avait un triptyque d'or taillé dont la partie centrale représentait la Trinité; l'un des volets portait Notre-Dame et l'autre portait saint Jean l'Evangéliste. Un tableau d'or à pignons était garni à saphirs, à rubis balais, à émeraudes et à perles; il avait dans une niche une image de Notre-Dame et dans l'autre niche une image de sainte Catherine [2]. Le tableau qu'avait la duchesse au chevet de son lit était rond, à une croix d'argent doré au milieu [3]. Il y avait plusieurs livres d'or dont les ais étaient d'or : un livre d'heures de Notre-Dame avait les ais sculptés en relief, l'un à l'Annonciation, l'autre aux images de saint Louis de France et de saint Louis de Marseille [4]. Les ais d'un autre livre d'heures étaient garnis à l'extérieur de perles et de pierreries et à l'intérieur était taillé en relief, l'un des ais à la Trinité, l'autre à Notre-Dame [5]. Il y avait aussi une chemise de livre d'or, garnie de rubis balais et de perles, dont les ais portaient à l'intérieur des images émaillées de sainte Elisabeth et de la Fête de Noël [6]. Les patenôtres de la duchesse étaient ou d'or damasquiné à petites « croisettes » de perles [7], ou émaillées de blanc [8]. Elle en avait deux faites de corail [9]; et ses patenôtres de jais noir avaient au bout un bouton de perles et quatorze grosses perles au lieu de « seigneaux [10] ». Pour conclure, le duc d'Or-

1. Voir Inventaire II, n° 272.
2. *Idem*, n° 269.
3. *Idem*, n° 370.
4. *Idem*, n° 274.
5. *Idem*, n° 273.
6. *Idem*, n° 276.
7. Voir Inventaire I, n° 36.
8. *Idem*, n° 37.
9. *Idem*, n° 88.
10. Voir Inventaire II, n° 327.

léans avait l'habitude de porter des reliques dans une petite bourse attachée à une chaîne d'or, qu'il mettait autour de son cou [1]; et la duchesse portait également une chaîne avec un reliquaire d'or brodé de perles [2].

Ustensiles. — Suivant la tradition, la nef ou couvert du seigneur devait affecter la forme d'un vaisseau, en reproduisant tous les détails d'agrès et d'équipage; mais en fait, elle était souvent un grand vase, ou allongée, ou en forme de château-fort. Elle enfermait, quelquefois à clef, les épices, le gobelet, la cuillère, le couteau, la fourchette — tout objet qui pouvait faciliter l'empoisonnement tant redouté. Quelle que fût sa forme, la nef a presque toujours autant témoigné de la fécondité d'imagination de l'orfèvre que du goût fastueux du seigneur. Celles que possédèrent le duc et la duchesse d'Orléans étaient de magnifiques spécimens d'argenterie gothique. Il y avait une grande nef d'or, ornée de plusieurs images et de deux cent soixante-quatre perles et trente et un rubis balais [3]; une autre, d'argent doré, « semée d'esmaulx », avait quatre roues et était ornée à chaque bout d'un château sur lequel étaient deux bannières émaillées, l'une aux armes d'Orléans, l'autre aux armes de Milan [4]; et la nef d'argent doré qu'avait donnée à la duchesse d'Orléans la ville de Paris, avait une cage à chaque bout et était armoriée aux armes de Milan et de Paris [5]. Une autre plus petite nef de cristal était montée sur une terrasse émaillée de vert, dont le pied était d'or, et était environné d'une haie garnie de perles; à chaque bout s'élevait un château garni de

1. Voir Inventaire II, n° 984.
2. *Idem*, n° 711.
3. *Idem*, n° 528.
4. Voir Inventaire I, n° 188.
5. *Idem*, n° 214 et Inventaire II, n° 938.

perles, de saphirs et de rubis balais; dans l'un des châteaux, « une demoiselle esmaillée de blanc » tenait un miroir orné d'un rubis balais; dans l'autre un tigre était représenté sur un pré émaillé de vert; et à l'un des châteaux était accrochée une épreuve « à faire assay ». La bordure du couvercle de la nef était ornée de perles, de saphirs et de rubis balais, et le « fruitelet [1] » consistait en un lis garni de perles [2]. Les salières étaient également de magnifiques symboles d'autorité seigneuriale: il y en avait une d'or, en forme de vase allongé ou de nef, soutenue par un éléphant émaillé de blanc ; la nef était garnie d'émeraudes et de trochets de perles, et aux extrémités de rubis balais; et le bouton du couvercle avait un saphir au milieu entouré de perles et de rubis balais [3]. Une autre salière d'or à couvercle était en forme de coquille montée sur un grand porc-épic; la coquille était ornée d'une « sainture d'espérance », et le bouton du couvercle avait une petite frise, d'où pendaient des besants [4]. La duchesse d'Orléans en posséda une très belle d'argent doré, godronnée, sur laquelle était un arbre de corail à vingt-neuf langues de serpent [5]. Les grands hanaps, ou vases à boire à couvercles, avaient un caractère également de cérémonie et consistaient souvent en pièces d'orfèvrerie d'une valeur considérable. La duchesse d'Orléans en avait un en or, ciselé à grains à l'intérieur, dont le couvercle et le col étaient couverts de rayons de soleil et émaillés de blanc et de rouge [6]. Parmi ceux que pos-

1. Bouton en forme de fruit qui surmonte les couvercles et qui se met à l'extrémité d'un couteau.

2. Voir Inventaire I, n° 533.

3. Voir Inventaire II, n° 532.

4. *Idem*, n° 776.

5. Voir Inventaire I, n° 182. On usait de langues de serpent en forme d'arbre ou autrement pour reconnaître la présence du poison dans les boissons et dans les aliments.

6. Voir Inventaire I, n° 145.

sédèrent Louis et Valentine, il y en avait un de cristal, dont le couvercle et le pied étaient d'or; le bouton du couvercle était en forme d'un lis ayant un saphir au milieu entouré de cinq perles [1]. Le décor du hanap est parfois conforme à celui de l'aiguière avec laquelle il est énuméré. Il y avait un hanap et une aiguière d'or à images d'apôtres en relief, garnis pareillement de saphirs, de rubis balais et de trochets de perles [2]; et un hanap et une aiguière d'or « en faison de Venise », garnie de grosses perles, de saphirs et de rubis balais [3]. Les gobelets et les aiguières étaient quelquefois tous pareils. Il y avait un gobelet et une haute aiguière d'or à couvercles, poinçonnés à rayons de soleil et à branches de feuillages [4]; un gobelet et une aiguière d'or émaillés tout autour en rouge clair et à anges et à « ne m'oubliez mie [5] »; un gobelet et une aiguière d'or faits en forme de gland et garnis de rubis balais, de saphirs et de perles [6]. Une paire de flacons d'or à anse était en forme de coquille de saint Jacques, et l'anse était tenue au col par deux serpents volants; la panse du flacon portait d'un côté une image en relief de saint Jacques tenant son bourdon, assis sur une roche argentée, et de l'autre une image en relief de Charlemagne assis sur une terrasse de vert émaillé, et saint Jacques sortant d'une nuée avec la légende : *Charles va délivrer Espaigne;* et la couronne de chaque flacon soutenait deux images, assise sur des oreillers émaillés de blanc; elle était entourée de

---

1. Voir Inventaire II, n° 534.
2. *Idem*, n° 535.
3. *Idem*, n° 536.
4. *Idem*, n^os 767-8.
5. *Idem*, n^os 752-3.
6. Voir Inventaire I, n° 148.

saphirs et de rubis balais [1]. Deux grands bassins d'or étaient godronnés, chacun à seize godrons travaillés; le fond d'un des bassins avait l'image en relief du Baptême de Notre Seigneur; celui de l'autre avait le Jeudi-Saint, et les bords étaient garnis de rubis balais, de saphirs et de trochets de perles [2]. Deux bassins d'or portaient chacun quatorze « esmaulx de plistre », c'est-à-dire d'émaux exécutés sur plaques de petites dimensions et montés de manière à pouvoir être ou vissés ou soudés à la vaisselle ; et ces bassins étaient gardés dans un étui [3]. Les tasses d'or étaient quelquefois à pied et étaient émaillées aux armes de Milan [4]. Et il y avait deux douzaines d'écuelles et une douzaine de plats d'argent couverts de plaques d'or; et six des plats étaient plus grands que l'autre demi-douzaine [5]. Un creusekin [6], ou gobelet de madre [7] à couvercle, avait le pied d'or, ainsi que le bouton du couvercle qui était en forme d'un heaume. Outre cette vaisselle d'or, le duc et la duchesse d'Orléans possédèrent des hanaps de moindre importance, des gobelets, des aiguières, des flacons, des bassins à différents usages, des tasses, des écuelles, des plats, des tranchoirs et des chandeliers [8] d'argent doré, d'argent

1. Voir Inventaire II, n° 556.
2. *Idem*, n° 557.
3. *Idem*, n° 539. Voir au Musée South Kensington à Londres un calice à émaux de plique du XIV^e siècle (n° 383 dans le Loan Hall.)
4. Voir Inventaire II, n^os 761 et 769.
5. *Idem*, n° 541.
6. *Idem*, n° 987 et cf. le mot anglais cruse. Voir COTGRAVE, *ouvrage déjà cité*.
7. Cœur et racine des différents bois employés pour faire des vases à boire (Littré). Il est à remarquer que le Rokewode Mazer Bowl (Musée South Kensington à Londres, n^os 165-1914) qui date de la fin du XIV^e siècle, est fait de bois d'érable, ainsi que sont tous les Mazer Bowls anglais que j'ai pu étudier.
8. Voir Inventaire I, n^os 184 et 187, et Inventaire II, n^os 542 et 797.

« veré » ou doré par parties [1], et d'argent blanc [2] en très grand nombre. Et parmi les aiguières étaient quatre coquemars [3] d'argent doré dont les tuyaux étaient en forme de serpents qui avalent des enfants, et quatre des bassins avaient « escripz sur les bors de lettre de grec [4] ». Les drageoirs étaient ou d'or ou d'argent doré : il y en avait un d'or émaillé de plusieurs couleurs et poinçonné à loups [5], à petites roses et à autres feuilles ; et, au milieu du drageoir, un chêne s'élevait sur un pré semé de marguerites. D'autres drageoirs étaient armoriés aux armes d'Orléans et de Milan [6]. Le « tabernacle à mettre feu » avait une boîte dessus, à anse dorée, et était émaillé aux armes de la duchesse [7] ; et le pot d'aumônes était pareillement armorié [8]. Les garde-manger d'argent « veré » fermaient chacun à deux clef [9]. L'« engin à mettre et asseoir l'œuf de Madame » était d'argent doré [10]. Quoiqu'en 1389 Valentine semble avoir possédé douze douzaines de cuillères d'argent doré et blanc [11], nous ne trouvons mention, dans l'Inventaire II, que de trois cuillères d'argent doré [12], d'une cuillère de pierre bordée d'or et à manche [13] d'or. Un couteau de table était à man-

1. Selon DUCANGE, veré vient du latin varius. Cf. le mot anglais parcel-gilt.

2. Ainsi appelé pour le distinguer d'argent doré.

3. Voir Inventaire I, n^os^ 166-7.

4. *Idem*, n^os^ 169-70.

5. Voir Inventaire II, n° 763. Le loup était un emblème de Louis d'Orléans. Voir *Idem*, n° 802 et DELISLE, *ouvrage déjà cité*, p. 100. Et au Musée Britannique à Londres, Additional Charters, n^os^ 2889 et 3027.

6. Voir Inventaire II, n^os^ 809 et 12.

7. Voir Inventaire I, n° 198.

8. Voir Inventaire II, n° 925.

9. Voir Inventaire I, n° 210.

10. *Idem*, n° 185 et Inventaire II, n° 943.

11. Voir Inventaire I, n^os^ 197 et 209.

12. Voir Inventaire II, n^os^ 729 et 988.

13. *Idem*, n° 982.

che de madre, armorié aux armes de Milan [1]; une gaine contenait quatre couteaux dont les manches étaient d'ambre « virolez » d'argent doré [2]. Et il y avait trois fourchettes, dont une avait un fourchon cassé [3]. Cette dernière avait dû être la fourchette de la duchesse, car elle était d'or, et armoriée à ses armes.

VÊTEMENTS. — Christine de Pisan confirme l'impression du luxe inouï des vêtements de Louis d'Orléans que donne l'étude des comptes de sa maison : elle déclare que le duc « abillemens à feste se scet avoir », et montre d'un trait que sa grande collection de vêtements est quelque chose du tableau de sa vie. Les dates où furent rédigés les inventaires qui suivent empêchent tout naturellement que les habits de Louis y soient mentionnés; mais les robes de Valentine peuvent bien être analogues aux magnifiques houppelandes, aux riches cottes hardies, aux chapeaux à longues plumes de son mari [4]. Le seul portrait contemporain de la duchesse d'Orléans qui existe aujourd'hui [5] la représente habillée en surcot de cérémonie décolleté, orné par devant d'agrafes-joyaux [6] le long du corsage. La robe de dessous ou cotte est parfaitement collante sur les flancs, la poitrine, les bras et les poignets, et une ceinture d'orfèvrerie marque la ligne des hanches. Valentine est coiffée de deux nattes qui, prises du sommet de la tête, encadrent ses joues; ses

1. Voir Inventaire II, n° 732.
2. Voir Inventaire I, n° 89.
3. Voir Inventaire II, n° 940.
4. Voir COUDERC, *Album de Portraits*, etc. Planches LIII et LIV. (Bibliothèque Nationale. Français 606, fol. 1 et Français 835, fol. 52.)
5. Voir le frontispice. Le portrait n'est pas une peinture mais un dessin au trait, qu'on appelait alors un portrait d'encre.
6. Voir Inventaire II, n° 245 et cf. la garniture de boutons pour chape qui y est décrite.

cheveux sont ramenés de la nuque en deux ondes sur les oreilles [1], et elle porte un cercle fait probablement d'or et garni de fleurettes de pierreries. Ce surcot fit partie sans doute d'un habillement de cérémonie de plusieurs pièces. La duchesse en posséda un à quatre pièces, de velours écarlate, brodé de perles à ronces et à *V V S*, qui consistait en un manteau de cour, en une pèlerine avec un chaperon, en un surcot et en une cotte dont les manches étaient brodées pareillement [2]. Les robes proprement dites étaient de velours, de satin et de drap, les unes avec ceinture, les autres sans ceinture : elles étaient généralement décolletées, à revers de fourrure ou de cendal, et ajustées seulement sur la poitrine, tombant à larges plis de la taille aux pieds ; et les manches, assez justes au bras, se terminaient au poignet par de pareils revers. Les robes de velours mentionnées dans l'Inventaire II semblent avoir consisté en plusieurs pièces : l'une d'elles avait des revers de petit-gris, une autre de cendal vermeil [3]. Nous rencontrons deux robes de satin noir fourrées de petit-gris, l'une brochée en velours à fleurettes vermeilles, l'autre à dessins de violettes blanches et rouges [4]. Une des robes de drap était verte, doublée de cendal vert et brodée partout à chardons dont les feuilles et les fleurs étaient de perles [5]. Une autre robe était d'écarlate vermeille, doublée de cendal de la même

---

1. Voir le frontispice. La dame immédiatement en arrière de la duchesse porte une cotte hardie ou corset, et est pareillement coiffée, sauf que les extrémités des nattes sont retournées sur les ondes. Celle qui se tient tout en arrière est habillée en houppelande, a les cheveux « shingled » et est coiffée d'un petit chapelet. Un front bombé, large et haut était de rigueur à cette époque.

2. Voir Inventaire II, nos 355-58.

3. *Idem*, n° 895.

4. *Idem*, nos 880-81.

5. *Idem*, n° 524.

couleur, et brodée de perles à fleurs de bourraches et à boucles [1]. La cotte hardie [2] de femme était encore assez longue, laissant à peine voir la cotte portée dessous. La duchesse en avait de très belles, entre autres une de velours cramoisi, dont le collet et les poignets étaient brodés de grosses perles [3]. Elle avait aussi une cotte hardie avec un chaperon d'écarlate violet, semée de rateaux d'or de Cipres et de petites fleurettes de perles [4], et un corset de drap d'or à chevrons verts et d'or [5]. Quelques-unes des cottes hardies, et certains corsets, étaient « sangles », c'est-à-dire non doublés [6]. Les houppelandes suivaient les mêmes lignes : l'une était d'écarlate vermeille, brodée d'un rosier à feuilles vertes et à fleurettes de perles [7] ; une autre était d'écarlate violet, brodée pareillement [8]. Nous en voyons une de velours cramoisi, fourrée d'hermines, le collet et les manches brodés à mûres, dont chacune était garnie de six perles [9]. Les ceintures d'étoffes étaient d'or monté sur tissu : une avait une boucle ronde d'or, émaillée de rouge clair à *V V S*, six cloux, avec mordant d'or [10] ; et il y en avait d'argent blanc sans tissu, d'où pendaient des clochettes [11]. Les manteaux étaient assez nombreux : l'un d'eux était

1. Voir Inventaire II, n° 525. Les boucles étaient probablement d'or de Cipres. Voir Inventaire I, n° 138.
2. La cotte hardie de femmes à longues manches, ressemblait au corset, mais elle devenait de plus en plus raccourcie.
3. Voir Inventaire I, n° 143.
4. *Idem*, n° 142.
5. Voir Inventaire II, n° 902.
6. *Idem*, n°s 910 et 899. Plusieurs houppelandes étaient également non doublées. Voir *Idem*, n° 906.
7. Voir Inventaire I, n° 141.
8. *Idem*, n° 144.
9. Voir Inventaire II, n° 341.
10. *Idem*, n° 521.
11. *Idem*, n° 406.

de soie bleue figurée, fourré d'hermines[1]; un autre grand manteau « à chevaucher » était d'écarlate vermeille, doublé d'écarlate[2]; un autre petit manteau de drap pers avait des revers de cendal pers[3]. Il y avait un peignoir de bain en forme de manteau, et un autre en forme de fond-de-cuve. Le peignoir de chambre de la duchesse était de drap gris, fourré de gris[4]. Les braceroles ou camisoles de nuit étaient tantôt d'écarlate fourrées de petit-gris[5], tantôt de toile de lin[6]. Le « menu linge » de Valentine consistait en chemises de toile de lin de Lombardie, de Chartres et d'Aragon[7], en « arcandorez[8] », en une quantité de couvre-chefs brodés et non brodés, en « trusses crespes » et « rondelettes[9] », et en plusieurs voiles flottants qui entouraient la coiffure d'origine allemande appelée hennin, et qui s'en échappaient. Deux de ces voiles étaient à résilles travaillées de fil d'or et de soie, à l'espagnole.[10]. La duchesse semble avoir eu huit collerettes[11], dix-neuf mouchoirs[12] et un atour

1. Voir Inventaire II, n° 896. Ce manteau a dû faire partie d'un habillement de plusieurs pièces.

2. *Idem*, n° 868.

3. *Idem*, n° 870.

4. *Idem*, n°s 718 et 871.

5. *Idem*, n° 876.

6. *Idem*, n° 734.

7. *Idem*, n°s 560, 564, 596.

8. *Idem*, n° 596. M. A. Thomas a bien voulu me communiquer la signification exacte de arcandorez, qui vient du mot espagnol alcandore. Ce mot est inusité aujourd'hui, mais désignait jadis « vestidura blanca a modo de camisa ». Voir *Romania*, t. XLII, p. 374. Voir aussi le roman du Petit Jehan de Saintré, écrit en 1459 par Antoine de la Sale. (Edition J. M. Dent, p. 112.)

9. Voir Inventaire II, n°s 695 et 96.

10. *Idem*, n°s 565, 593. Cf. le mot redecilla ou coiffe à maille en réseau.

11. *Idem*, n° 736.

12. *Idem*, n° 567.

d'Aragon dans une boîte [1]. Ses mules étaient couvertes de drap vermeil [2]; ses souliers « escorchez », à boucles d'argent doré [3]. Elle avait des bottines « escorchiez » à lacs [4], des galoches ou patins de cuir doré à la façon de Lombardie [5], et deux paires de chausses noires, toutes neuves [6]. Ses éperons étaient dorés, à courroies de soie vermeille [7]. Elle avait une bourse à quatre gros « boucons » de perles, toute brodée de perles [8], et une autre plus petite à perles, d'où pendaient des papillotes d'or [9]. A l'égard des chaperons, la duchesse en possédait de velours à long poil [10], de velours vermeil à cornet avec des patrons de perles [11], des chaperons à couvrir les hennins, fourrés de petit-gris [12], des chaperons de drap de soie vermeil cramoisi [13], et à coquilles [14]. Les hennins semblent avoir été de deux espèces : l'une en forme de cornet, l'autre ayant la figure de cornes. Valentine en avait de chaque espèce: celle en forme de cornet était travaillée à feuillage de ronces et garnie de gros saphirs et de rubis balais, tant carrés que longs, tant bécarrés que ronds et cornus, et de grosses perles

---

1. Voir Inventaire II, n° 599.
2. *Idem*, n° 742 « galoches à relever de nuit. » Voir n° 743.
3. *Idem*, n° 738.
4. *Idem*, n° 741.
5. *Idem*, n° 743.
6. *Idem*, n° 744.
7. *Idem*, n° 750. La duchesse montait volontiers à cheval et chassait à l'épervier. Voir P. CHAMPION, *Vie de Charles d'Orléans*, p. 15.
8. Voir Inventaire II, n° 329.
9. *Idem*, n° 389.
10. *Idem*, n° 519.
11. *Idem*, n° 330.
12. *Idem*, n° 703.
13. *Idem*, n° 519.
14. *Idem*, n° 915.

mises en rang [1]. Le hennin à cornes avait des boutons de roses blanches et rouges (en émail ?) ; il était garni de gros rubis balais, de saphirs et de trèfles d'or, chacun orné de perles pendantes et d'un diamant [2]. Une coiffe était à perles, c'est-à-dire que le frontal consistait en chatons à rubis balais entre trochets de perles ; et la tête de la coiffe était garnie de trochets de perles, de saphirs et de rubis balais [3]. La duchesse avait aussi trois chapeaux de paille, dont l'un était doublé de cendal [4].

BIJOUX. — Vers la fin du XIVe siècle, l'orfèvre, comme ses confrères, commençait à s'évader des conceptions architecturales, sauf bien entendu dans le cas des pièces d'orfèvrerie dont la forme devait rester traditionnelle. Les couronnes de la duchesse, par exemple, étaient à peu près les mêmes que les couronnes d'aujourd'hui : la grande couronne d'or, mentionnée dans l'Inventaire I, était à six grands et à six petits fleurons ; elle était garnie de rubis balais, de saphirs, d'émeraudes et de perles [5]. La couronne décrite dans l'Inventaire II avait la même forme, bien que, suivant le mouvement général, sa monture semble avoir été plus compliquée et plus somptueuse que celle de la grande couronne de 1389 [6]. Les cercles d'or avec pierreries étaient très à la mode à la cour de Charles VI, peut-être bien parce qu'ils n'étaient plus qu'un ornement luxueux [7]. Valentine en

1. Voir Inventaire II, n° 233. Le hennin, qui aura en peu de temps la hauteur d'une aune ou plus, était revêtu de drap d'or, de velours ou de satin et garni de joyaux. Il s'en échappait un voile flottant. V. p. 42.

2. *Idem*, n° 234.

3. *Idem*, n° 236.

4. *Idem*, n° 846.

5. Voir Inventaire I, n° 1.

6. Voir Inventaire II, n° 230.

7. Les cercles servaient jadis à maintenir les cheveux sur les tempes.

possédait plusieurs : l'un d'eux était à neuf grands chatons [1] et à neuf plus petits portant des rubis balais, des saphirs et des perles [2]. Un autre était garni de quatorze chatons, sept grands et sept petits, à saphirs, à rubis balais et à perles [3]. Elle en avait aussi ornés d'émeraudes [4]. La ceinture était d'une extrême richesse. Elle était posée, à la hauteur des hanches, sur la cotte de dessous, ou portée avec la robe, la cotte hardie et la houppelande; elle se composait de segments à pierreries réunis par des charnières ou de plaques de joyaux séparées cousues sur une bande d'étoffe, s'adaptant ainsi avec beaucoup de grâce aux formes du corps. Parfois un des segments était agrandi et servait d'agrafe [5]; parfois la ceinture était garnie de boucle et de mordant [6]. Valentine se plaisait à porter des devises françaises. En 1389, au moment de son mariage, elle avait une ceinture d'or à boucle et à mordant à quarante-trois « afichez [7] », chacune garnie de la devise : *Loyauté passe tout* [8]. De même, parmi ses splendides agrafes d'or à pierreries, il y en avait une émaillée à un dain qui portait un rouleau avec la devise : *Qui dient plus haut* [9]. Le goût des bijoux émaillés, à oiseaux, à fleurs, à petits ani-

1. A vrai dire de segments, appelés parfois « fermaulx ». *Idem*, n° 232.
2. Voir Inventaire I, n° 3.
3. Voir Inventaire II, n° 232.
4. *Idem*, n° 235.
5. Voir Inventaire I, n° 7
6. Voir Inventaire II, n° 240.
7. Agrafe dans le sens de plaque ou clou fixé sur la ceinture.
8. Voir Inventaire I, n° 10.
9. *Idem* n° 24 ? 3e personne du pluriel du subjonctif présent de *dier=dédier*. Voir GODEFROY, *Dictionnaire de l'ancienne langue française*, et cf. le verbe allemand : dienen, et la devise du Prince de Galles : Ich dien.

maux entremêlés de chiffres ou d'ornements était fort répandu pendant le règne de Charles VI ; outre l'agrafe et la bague, le collier émaillé était très estimé. La duchesse avait un collier émaillé à dix-huit tourterelles blanches et à une plus grande tourterelle garnie d'un rubis [1], et un collier émaillé à fleur de lis [2]. Et l'un de ses plus beaux colliers était émaillé à cosses [3] blanches et vertes, entremêlées de rubis balais et de perles, avec agrafe toute parée de joyaux portée par devant, d'où pendaient deux cosses d'émail, l'une blanche, l'autre verte, chacune à un fin rubis d'Orient [4]. Un autre collier consistait en cosses émaillées, à perles et à lettres : *V V S;* et par devant était un rubis balais d'où pendaient un très gros diamant et quatre perles [5]. Il y avait aussi un magnifique collier de rubis balais et de perles, que la duchesse a dû porter en même temps qu'un cercle de pareilles pierreries [6]. Pour conclure, elle avait un collier de deux cents grosses perles avec lequel elle liait ses cheveux [7]. Sa bague de mariage semble avoir été garnie d'un gros diamant et d'un rubis carré [8] ; et elle possédait une bague à un diamant, émaillée de blanc aux lettres *L. V.* [9]. En effet, quoique Valentine ait eu plusieurs bagues à fins saphirs et à émeraudes, elle semble avoir

---

1. Voir Inventaire I, n° 16. Un rubis, c'est-à-dire le corindon hyalin rouge ; pierre fort estimée au moyen âge et dont le prix était beaucoup plus élevé que ceux du rubis balais et du rubis spinelle.
2. *Idem*, n° 17.
3. Emblème favori de Louis d'Orléans. Ce fut d'ailleurs l'emblême de l'ordre qu'avait fondé Saint Louis lors de son mariage avec Marguerite de Provence.
4. Voir Inventaire II, n° 238.
5. Voir Inventaire II, n° 237.
6. Voir Inventaire I, n°s 12, 11.
7. *Idem*, n° 13.
8. Voir Inventaire II, n°s 295, 296.
9. Voir Inventaire I, n° 44.

préféré le diamant et le rubis à toute autre pierre. Nous avons déjà indiqué son goût pour les anneaux d'émail : elle en avait un à « très gros diamant », émaillé de blanc et de rouge « en manière de roses vermeilles [1] ». Du reste, selon toute probabilité, lorsque la pierre était belle, le cercle de la bague était plein ou émaillé ; et celui-ci n'était poinçonné ou haché que lorsque la pierre était de moindre valeur.

La passion qu'avait Louis d'Orléans pour les joyaux de grand prix n'apparaît dans l'Inventaire II que dans les bijoux de sa femme : ses beaux colliers, ses ceintures, ses agrafes, ses joyaux de manches ont passé, tout de suite après son meurtre, ou à son fils, le duc Charles, ou aux mains de créanciers quelque peu rapaces. Il ne restait évidemment à Valentine que quelques objets de peu de prix — il n'y a qu'un collier d'or émaillé de blanc en forme d'amict, une agrafe à diamants, un flacon d'or à un petit tissu de noir garni de boucle et de mordant qui aient eu une certaine valeur [2] — qu'elle garda jusqu'à sa mort.

Objets de toilette. — Les miroirs de la duchesse d'Orléans semblent avoir consisté en verre étamé ou en plaques de métal poli, enfermés dans un cadre à charnières quelconque, peut-être dans une boîte [3], ou à monture de poche [4]. Le miroir d'or garni de rubis balais, de saphirs et de perles, décrit dans l'Inventaire I, a dû appartenir à la première catégorie, car son cadre était émaillé à une sainte Catherine d'un côté, tandis que l'autre avait une image en relief de Notre Dame [5]. Dans la

1. Voir Inventaire II, n° 314.
2. *Idem*, n$^{os}$ 419-32.
3. Voir au Musée de Cluny les boîtes à miroirs, n$^{os}$ 1070-72.
4. Voir Viollet-le-Duc, *ouvrage déjà cité*, t. IV, p. 137.
5. Voir Inventaire I, n° 149.

même catégorie se trouve un miroir dont le cadre était garni de pierreries et de trochets de perles et était poinçonné à l'extérieur d'un saint Georges et à l'intérieur d'une image de l'Annonciation. Ce miroir était gardé dans un nécessaire de cuir, avec un peigne d'ivoire garni d'or et poinçonné, et un gravoir d'or, pareillement poinçonné, qui servait à faire la raie des cheveux de la duchesse [1]. Il y avait plusieurs miroirs à montures de poche garnis d'anneaux, car la mode était de les suspendre à la ceinture : un miroir bordé à trochets de perles, dont l'anneau était garni d'un gros saphir et de cinq perles, portait au revers les images de Notre Dame et des Trois Rois de Cologne en émail [2]. Un autre miroir pendait à deux chaînettes et avait une bordure de quatre trochets de perles entremêlés de saphirs et de rubis balais; le revers portait deux arbalètes, emblème favori de Louis d'Orléans, et quatre tournelles, chacune ornée d'une perle [3]. Un miroir d'or de Cipres, dont la description manque, était monté sur un pilier d'ivoire [4]; et un autre portait la devise: *Vous m'avez* [5]. La duchesse avait aussi une boîte à savon [6], un « espinglier » d'argent doré garni de perles [7], et un millier d'épingles [8].

OBJETS DIVERS. — Au XIVe siècle le coffret jouait un rôle important dans le menu décor. Il y en avait de grands et de petits, en nacre, en cristal, en ivoire, tous montrant la transition gracieuse de l'ogive sévère à

1. Voir Inventaire II, n° 280.
2. *Idem*, n° 277.
3. *Idem*, n° 279.
4. *Idem*, n° 733.
5. *Idem*, n° 600.
6. *Idem*, n° 746.
7. Voir Inventaire, I, n° 81.
8. Voir Inventaire II, n° 700.

l'ogive fleurie. La duchesse d'Orléans avait un grand coffret d'argent doré échiqueté à jaspe et à nacre, dont les coins étaient ornés d'images en relief [1]. Un autre coffret était de cristal à deux perles et avait des montures d'argent doré poinçonnées [2]. Un coffret était entouré d'images en ivoire [3]; et un plus petit coffret d'ivoire servait à garder un jeu d'échecs et de tables [4]. L'un des tabliers était fait de jaspe et de nacre à bordures dorées [5]; l'autre, fait également de jaspe et de nacre, était orné d'images couvertes de verre [6]. La duchesse avait un jeu de « quartes sarrasines [7] » et des cartes de Lombardie, peut-être un tarot lombard-vénitien [8]. Son astrolabe était d'argent [9]; une tablette à écrire d'ivoire avait sa monture d'or poinçonnée à ceintures d'espérance [10]; un très petit « escrivelet [11] » était d'or, et un lutrin d'argent, soutenu par deux loups, était armorié aux armes d'Orléans et poinçonné de loups [12]. Il y avait une cagette d'argent doré en laquelle était un chardonneret d'argent avec un pied cassé; et le mangeoir de la cagette était fait d'argent [13]. Les cagettes à mettre les petits sachets parfumés en forme d'oiseaux, qu'on appelait alors « oyselez de Chypre », étaient faits d'or et d'argent doré; on crevait ces sachets pour en répandre une poudre

1. Voir Inventaire II, n° 333.
2. *Idem*, n° 332.
3. Voir Inventaire I, n° 90.
4. *Idem*, n° 91.
5. *Idem*, n° 93.
6. Voir Inventaire II, 801.
7. *Idem*, n° 748.
8. *Idem*, n° 749.
9. *Idem*, n° 387.
10. *Idem*, n° 374.
11. *Idem*, n° 456. Il se peut qu'ici le mot « escrivelet » veuille dire encrier.
12. *Idem*, n° 802.
13. Voir Inventaire II, n°s 779 et 777.

odorante [1]. Le baume aussi servait à répandre une odeur aussi agréable que salutaire; la duchesse semble en avoir eu une branche [2]. Elle a dû reconnaître également les vertus de la licorne contre les maladies et l'empoisonnement, car elle possédait une pièce de cette corne, à un bout d'argent [3]; et elle gardait de la thériaque, remède souverain contre toute espèce de venins, dans une boîte de plomb [4].

LIVRES. — Le 16 décembre 1397, Louis d'Orléans acquit l'hôtel de Giac [5], et chargea sur-le-champ l'architecte Raymond du Temple et le peintre Colart de Laon de lui arranger une salle pour y déposer sa collection de livres [6]. Ce fut, en effet, le commencement de cette belle librairie de Blois, qui cent ans plus tard passera pour la première du monde. Quoiqu'il n'existe aucun inventaire de la bibliothèque de Louis, des recherches particulières en ont établi une liste [7]; il en ressort que quelques-uns des livres énumérés dans l'Inventaire II peuvent bien avoir appartenu au duc. Par exemple le

1. Voir Inventaire II, n° 402.

2. *Idem*, n° 568.

3. *Idem*, n° 391 et note. Cf. au Musée South Kensington à Londres le Danny Jewel (n° M. 97-1917) qui consiste en une demie section de la corne d'une narval.

4. *Idem*, n° 747.

5. L'emplacement de l'hôtel de Giac est dans la rue Charlemagne, anciennement la rue de Jouy qui conservait alors ce nom jusqu'à la poterne Saint-Paul, mais qu'on appelait parfois la rue de la Poterne Saint-Pol. L'hôtel de Giac, jadis celui des abbés de Jouy, était à peu près en face de l'endroit où entre aujourd'hui la rue des Jardins dans la rue Charlemagne. L'hôtel tenait d'un côté de la rue Percée, actuellement disparue, et de l'autre côté s'étendait jusqu'aux murs de Philippe-Auguste et était ainsi tout près de l'hôtel Saint-Pol.

6. Voir DELISLE, *ouvrage déjà cité*, p. 99, et LE ROUX DE LINCY, *La Librairie de Charles d'Orléans*, p. 41.

7. Voir DELISLE, *ut supra*, pp. 98-105, et LE ROUX DE LINCY, *ut supra*, pp. 11-45.

livre de Lucain, couvert de camocas à quatre fermoirs d'argent doré et à une pipe d'argent doré, correspond au livre de cet auteur acheté en 1397 par Louis [1]; et il est possible que le livre des Echecs, couvert de velours vert à deux fermoirs d'argent doré, soit le même que celui acquis en 1396 par l'ordre du duc [2]. A l'égard du Livre de la Chasse par Gaston Phébus, comte de Foix, couvert d'un baldaquin noir à violettes blanches et vermeilles et doublé de cendal noir, je me permets de croire que les armes d'Orléans dont sont armoriés les fermoirs indiquent l'origine du livre [3]. Parmi les livres de la duchesse d'Orléans citons le « Livre Jehan de Mandeville, chevalier, lequel parle de l'estat de la terre sainte et des merveilles qu'il y a veues », qui avait été écrit pour elle, en 1388, par Pierre le Sauvage de Châlons en Champagne [4]; le « Miroir des Dames », couvert de drap d'or, avec de fermoirs d'argent aux images de saint Jean-Baptiste et de saint Jean Evangéliste, armo-

---

1. Voir Inventaire II, n° 685. « Le Fait des Romains, escript en françois, compilé par Isidore, Suetone et Lucain. » Voir à ce sujet : LE ROUX DE LINCY, *ut supra*, p. 39 et CHAMPION, *La Librairie de Charles d'Orléans*, p. 45. Le camocas était une étoffe de soie se rapprochant du satin. Pipe veut dire une tige de métal, aussi longue que l'épaisseur du parchemin, à laquelle s'attachent les signets. Catalogue Joursanvault, n° 841.

2. Voir Inventaire II, n° 691. Catalogue Joursanvault, n° 839.

3. Voir Inventaire II, n° 688. Le fameux Livre de la Chasse de Gaston Phébus fut commencé le 1er mai 1387. Parmi les mss. qui en existent aujourd'hui, le plus célèbre est conservé à la Bibliothèque Nationale sous la cote Français 616. Cf. *The Master of Game* par EDWARD, Duke of York (Musée Britannique. Vespasian B. 12) dont Baillie-Grohman a publié une reproduction (1904).

4. Voir Inventaire I, n° 101. Voir CAMUS, *Revue des Bibliothèques* (1894), IV, pp. 12-13 et CHAMPION, *ut supra*, p. 71 et note.

riés aux armes de France, de Navarre et d'Evreux [1]; l'Apocalipse à miniatures qui était reliée en parchemin [2]; et la « Discrecion et Deffinicion de la Preudommie de l'homme » qui avait été écrit par Christine de Pisan pour la duchesse [3]. Il y avait aussi les « Epistres du debat sur le Romant de la Rose [4] », couvert de cuir rouge à deux fermoirs de laiton, livre dans lequel Christine de Pisan blâme certains passages du Roman de la Rose. La duchesse possédait un exemplaire à miniatures du Roman de la Rose [5]; et elle avait les Chroniques de France, couvert de vieux velours noir rasé, à clous ronds d'airain et à grands fermoirs d'airain [6]; le « Canerian » ou l'histoire de la conquête des Canaries par Gadifer de la Salle et Jean de Béthencourt, qui était relié à veau velu [7], et un roman en allemand, couvert de velours vermeil, à deux fermoirs d'argent doré [8]. La duchesse avait aussi le Livre des Balades par Eustache Deschamps, dit Morel [9]. Parmi les nombreux livres d'Office mentionnés dans les Inventaires, Louis d'Or-

1. Voir Inventaire II, n° 680. Par Durand de Champagne. Voir CHAMPION, *ut supra*, p. 74.

2. *Idem*, n° 692.

3. *Idem*, n° 684. CHRISTINE DE PISAN, 1363-1431. Selon DELISLE, *ut supra*, p. 106, ce livre était dédié à Valentine, mais PETITOT n'en fait nulle mention dans la bibliographie de la Collection des Mémoires relatifs à l'histoire de France. Voir aussi LE ROUX DE LINCY, *ut supra*, p. 17.

4. Voir Inventaire II, n° 731.

5. *Idem*, n° 730.

6. *Idem*, n° 686. Peut-être l'exemplaire donné à la duchesse d'Orléans par Charles VI. Voir CHAMPION, *ouvrage déjà cité*, p. 34.

7. *Idem*, n° 689. CHAMPION, *ut supra*, p. 27.

8. Voir Inventaire II, n° 682. La duchesse avait aussi un livre d'heures en allemand. *Idem*, n° 678.

9. *Idem.*, n° 687. Eustache Deschamps, dit Morel, né vers 1320, mort au commencement du XV$^{e}$ siècle, fut successivement gouverneur de Fîmes, bailli de Senlis, conseiller et maître d'hôtel de Louis d'Orléans.

léans semble avoir donné à sa femme, au moment de leur mariage, un livre d'heures de Notre Dame à l'usage de Milan, relié en cuir blanc à trois petits fermoirs d'argent [1]. Il avait un bréviaire, couvert d'une chemise de toile, dont les deux fermoirs étaient d'or émaillés, l'un à une image de la Trinité, l'autre à une image de Notre Dame tenant l'Enfant Jésus [2]. Un autre bréviaire des quatre saisons était en deux volumes; les fermoirs de l'un étaient émaillés à l'Annonciation et ceux de l'autre aux images de saint Jean-Baptiste et de saint Jean l'Evangéliste. La pipe du premier volume était d'or à un saphir « en guise d'un cuer »; la pipe du second volume avait de petits rubis balais, des émeraudes et des perles aux deux bouts. Ces volumes étaient couverts de toile et avaient chacun une chemise de velours bleu [3]. Un Livre d'heures de Notre Dame, couvert de velours noir brodé de perles, était « ymagiez »: la première miniature était peinte d'or et d'azur. Ce livre était à fermoirs d'or à pierreries et avait une pipe d'or garnie d'un saphir, de deux rubis balais et de quatre grosses perles [4]. Le bréviaire « ouquel feu Monseigneur d'Orléans disoit ses heures » était couvert de drap de Damas bleu, à un fermoir d'or armorié aux armes de France, et sa pipe était d'argent tortillé [5].

Quoiqu'il n'y ait aucune mention dans l'Inventaire II du livre dont est tiré le frontispice: « L'apparition de Jehan de Meung », il est établi que l'auteur, Honoré

---

1. Voir Inventaire I, n° 96 et Inventaire II, n° 339. Voir LE ROUX DE LINCY, *ouvrage déjà cité*, p. 21.
2. Voir Inventaire II, n° 673. Il se peut que la chemise de ce bréviaire manquait (Voir n° 694) ou bien qu'il était destiné à avoir des ais d'or. (Voir n°s 273-76).
3. Voir Inventaire II, n°s 674-75.
4. *Idem*, n° 676.
5. *Idem*, n° 677.

Bonet, le savant prieur de Salon et l'un des défenseurs de Valentine de Milan des charges de sorcellerie à elle imposées sur le fait de la maladie du roi, l'ait écrit pour elle, en la priant de se souvenir que:

« Après yver revendrons en esté [1] »

La duchesse d'Orléans, en effet, avait grand besoin de la consolation que lui offrit ainsi le prieur de Salon. La reine n'oublia jamais que Valentine était la fille de l'ennemi mortel de sa famille et se joignit de bon gré à ceux qui l'accusaient d'avoir ensorcelé le roi. D'ailleurs, Isabeau trouva en Louis d'Orléans le compagnon de cent escapades, l'esprit extravagant qui ne demandait pas mieux que de mener un train folâtre en l'hôtel Saint-Pol. Le duc de Bourgogne, ennemi acharné de Louis, et spectateur complaisant de cette danse macabre dont l'écho résonnera d'un bout à l'autre du royaume, laisse courir une rumeur doublement nuisible au duc d'Orléans, vu qu'elle devait aboutir à éloigner de la cour une influence qui lui imposait une certaine contrainte. Et le roi fou, abandonné, couvert de vermine, ne peut témoigner en faveur de celle qui seule parvenait à le calmer pendant les accès de démence qui deviendront de plus en plus fréquents.

Vers la fin de 1395, les rumeurs de taverne commencèrent à accuser Louis d'Orléans de vouloir affermir son autorité dans le royaume au moyen des sortilèges faits par la duchesse. En peu de temps, ces rumeurs étaient devenues tellement menaçantes que le

1. Dédicace de « L'apparition de Jehan de Meung ». Bibliothèque Nationale: Français 811. Je n'oserais identifier ce livre avec celui décrit dans l'Inventaire II sous le n° 681.

duc en eut peur pour sa femme et il décida de l'éloigner de Paris. Au mois de mars 1396, Valentine partit pour le château d'Asnières, et dorénavant commence pour elle une nouvelle existence. Pendant onze années, la duchesse demeura tantôt à Asnières, tantôt au château de Blois, ou à Coucy; elle aura soin de ses enfants, et elle devra jouer, pour tout de bon, le rôle de châtelaine des domaines de son mari, s'occupant de leur administration et de leur développement, s'efforcant ainsi de pourvoir aux besoins toujours croissants de Louis. D'ailleurs la patience inaltérable de Valentine lui vaudra ce demi bonheur dont, à la rigueur, peuvent se contenter certaines femmes. Louis ne cesse de venir la visiter, de lui demander son avis à chaque heure tant sur ses nombreux projets politiques que sur la conduite de ses affaires, et les liens entre eux ne seront jamais entièrement relâchés.

La duchesse était au Château-Thierry au moment du meurtre de son mari. A Paris, le mercredi 23 novembre 1407, vers sept heures du soir, la reine donne à souper au duc d'Orléans dans son hôtel Barbette [1], lorsqu'un valet de Chambre du roi se fait annoncer et, ostensiblement, de la part de Charles VI, prie le duc de se rendre à l'hôtel Saint-Pol. Louis, sans attendre ses gens, se jette sur sa mule; un écuyer flamand seulement le suit de près, et deux écuyers, montés sur le même cheval, et quelques porte-flambeaux le précédent. La cavalcade s'est à peine mise en marche pour descendre la rue Vieille-du-Temple, vers la rue Saint-Antoine, lorsqu'une bande d'hommes armés de haches

1. En 1401, la reine avait acheté l'hôtel Barbette, jadis la résidence assez magnifique de Jean de Montagu L'emplacement de l'hôtel est dans le quadrilatère formé par les rues des Francs-Bourgeois, d'Elzévir, de la Perle et Vieille-du-Temple

et d'épées s'élancent de l'obscurité d'un portail [1] sur le duc. L'un d'eux lui tranche la main gauche d'un coup de hache et l'abat de sa mule ; les autres le frappent à genoux, puis le tuent. L'écuyer flamand tâche de défendre le mourant, mais lui-même est tué à l'instant. Le cheval, effrayé, s'emporte avec les deux écuyers, et la mule du duc, à selle vide, le suit au galop. Les porte-flambeaux ont disparu. Une torche, qu'on a laissé tomber, illumine le corps gisant de Louis ; et sa main gauche tranchée est à quelque pas dans la boue.

Ce an, la veille Saint Clément,
...Sur la nuyt qu'on ne voyait goutte,
Le duc d'Orléans chaudement
Eut quatre coups mortels de routte,
Auprès de la porte Barbette,
Qu'il ne s'en doubtoit nullement :
Si fut sa sépulture faitte,
Et mourut bien pitieusement.
Le lendemain y eut un grand dueil,
Et fut à Paris inhumé,
En grant service et appareil,
Ainsi qu'il est accoustumé. [2] »

Le 10 décembre 1407, la duchesse d'Orléans vint à Paris demander justice auprès du roi contre Jean-Sans-

---

1. Le duc fut assassiné en face de l'hôtel du Maréchal de Rieux, plus tard l'hôtel de Hollande, et actuellement n° 47 rue Vieille-du-Temple. Les détails du meurtre sont tirés de MONSTRELET, *Chronique*. Ed. Douet-D'Arcq. T.I.C.XXXVI et des *Chroniques* du RELIGIEUX DE SAINT-DENIS. L. 28. C. XXXIII

2. MARTIAL DE PARIS, *Vigiles du Roi Charles VII* (CHAMPOLLION-FIGEAC, *ouvrage déjà cité*, p. 265). Louis d'Orléans fut enterré dans la chapelle d'Orléans qu'il avait fait construire à l'église des Célestins, près de l'hôtel Saint-Pol. Sa femme dut rester dans le même tombeau, mais ce ne fut qu'en 1504 que fut transporté son cercueil de l'église de Saint-Sauveur de Blois.

Peur, duc de Bourgogne [1], qu'elle accusait d'avoir fait assassiner Louis. Charles VI, dont la santé se rétablissait pour le moment, l'écoutait avec émotion : il avait porté à son frère, il portait à sa belle-sœur un véritable amour ; il « accéda volontiers à sa demande et lui adressa de douces paroles de consolation [2] ». Mais le pauvre roi ne comptait guère plus ; et le jour même, il retomba en démence, laissant le pouvoir effectif du royaume entre les mains de l'accusé. En de telles circonstances, Jean-Sans-Peur n'avait rien à craindre des demandes de la duchesse ; et la requête formelle, qu'elle fit au mois d'août 1408, resta sans effet.

Le château de Blois devient dès lors la demeure de Valentine et de ses enfants. Peut-être n'aurait-elle jamais perdu l'espoir de venger celui qu'elle avait tant aimé ? Mais elle est au bout de ses forces ; peu à peu elle s'affaiblit, et le 4 décembre 1408, il plut à Dieu de clore ses yeux.

*Lincoln's Inn, London, 16th October, 1925.*

---

1. En 1404, Jean-sans-Peur avait succédé à son père Philippe-le-Hardi.

2. *Chroniques* du RELIGIEUX DE SAINT-DENIS. L. 28. c. XXXIII.

# INVENTAIRE I

*Inventoire de joyaulx et vaisselle de madame de Touraine, fait le mercredi VIII$^{e}$ jour de septembre et le jeudi ensuivant, l'an mil CCC IIII$^{xx}$ et neuf. En la presence de messire Philippe de Florigny*[1] *et messire Jehan de Garencières*[2], *chambellans de monseigneur de Touraine.*

## JOYAULX

*(devers Madame,*

*de istis partibus nichil redditus per dictum thesaurarium.)*

1. Premièrement une grant coronne d'or, a six grans fleurons, et six petiz fleurons, garnie de trente balays, trente saphirs, doze esmeraudes et deux cens et quarante perles; laquelle poise sept marcz[3] sept onces et demie.

2. *Item* une autre couronne d'or plus petite a six grans fleurons et six petiz, sur le cercle de laquelle, a six grands balayz et douze petiz balaiz, six grans sa-

---

1. Philippe de Florigny ou Flourigny, premier chambellan du duc d'Orléans, devint en 1394 chambellan du roi. Châtelain d'Yèvres en Gâtinais en 1404, il fut nommé souverain maître enquêteur des eaux et forêts du duc d'Orléans. Il vivait encore en 1408.

2. Jehan de Garencières, seigneur de Croisy, chambellan du duc d'Orléans. En 1390 il avait « la garde de deffense » du château de Crevecœur en Brie, et plus tard, en 1392, celle du château de Chateauneuf.

3. Poids de huit onces.

phirs et doze petiz saphirs, vint quatre petiz dyamens et quatre vint seize perles, et sur les grans fleurons a trois gros balais, vint et un balays petiz, six saphirs gros, et dix huit petiz saphirs, vint quatre dyamens et cinquante quatre perles. Et sur les petiz fleurons sont quinze balays, quinze saphirs, dix huit petiz dyamens, et trente perles, pesant cinq marcz.

3. *Item* un chappel d'or, de neuf grans pièces rondes, et de neuf plus petites. Et sur les grans pièces a neuf gros balays, trente six gros saphirs, et sept vins et quatre perles. Et sur les petites pièces, a neuf balays et cinquante quatre perles ; pesant quatre marcz, deux onces.

4. *Item* un autre chappel d'or, plus petit, qui a sept grans pièces, et huit plus petites. Et sur les grans pièces sont sept balays, vint huit saphirs, et vint huit perles, et sur les petites pièces, sont trente deux balays, et huit grosses perles ; pesant trois marcz, une once, cinq esterlins [1].

5. *Item* un autre chappel d'or, plus petit, ouquel sont vingt balays, six saphirs, cinq esmeraudes et quatrevins grosses perles ; pesant un marc, quatre onces, quinze esterlins.

6. *Item* un autre petit chapel d'or, de vint pièces, ouquel a cinq grans rubiz et cinq petiz dalixandre, cinq grandes esmeraudes et cinq petites, et cent perles ; pesant sept onces et demie.

7. *Item* une grande sainture d'or, qui a un grant devant, et vint autres pièces, en laquelle a quarante six balays, onze gros saphirs, cinquante six dyamens, trente quatre grosses perles et cinq cens et quarante

---

1. Poids du marc. Un esterlin équivalait la vingtième d'une once.

moyennes perles, avec plusieurs autres menues perles; pesant cinq marcz, une once et demie,

8. *Item* une autre sainture d'or, de cinquante deux pièces, enlaquelle a vint six balays, vint six saphirs et six vins et dix perles; pesant un marc, trois onces, dix esterlins.

9. *Item* une autre sainture d'or, ou il y a un fermail au bout, garnie de douze balays, treize saphirs, desquelx en a un bien gros au fermail, quatre grosses perles oudit fermail, et huit vins perles au lont de la sainture; pesant un marc, cinq onces, quinze esterlins.

10. *Item* une autre sainture d'or a quarante trois afichez [1], et la boucle et le mordant, et est escript a chascun afichet, *Loyaulté passe tout;* pesant sept onces.

11. *Item* un chappel de balaiz et de perles, garni de trente un balay, dont il y en a XVI plus gros que les autres, et de neuf cens quatre vins doze perles; pesant deux marcz, cinq onces. (*Devers Madame.*)

12. *Item* un colier de balaiz et de perles, ouquel a un tres gros balay et huit autres, et cent et trente cinq perles; pesant quatre onces, un esterlin.

13. *Item* deux cens grosses perles enfilées, dont Madame lie ses cheveux; pesans quatre onces, sept esterlins, obole.

14. *Item* une petite atache d'or, ou il a une croix au bout, garnie de petites perles et d'autre menue perrerie; pesant deux onces.

15. *Item* un petit frontel d'or, garni de cinq rubiz et siz dyamens; pesant une once, huit esterlins.

16. *Item* un colier d'or a dix neuf turtereles blanches esmaillées, et sur la plus grant a un rubiz; pesant sept onces, six esterlins.

---

1. Agrafe, boucle ou clou.

17. *Item* un autre colier d'or a cinq liz esmaillés de blanc; pesant une once, dix huit esterlins.

18. *Item* un autre colier à dix fleuretes esmaillées de blanc; pesant une once, cinq esterlins.

19. *Item* un autre colier d'or a cinq liz esmaillés de blanc; pesant une once, onze esterlins.

20. *Item,* un autre colier d'or esmaillé de vert, a boutons blans et rouges; pesant trois onces, doze esterlins.

21. *Item* un grant fermail d'or[1], ou il y a un gros balay ou millieu. cing autres petiz balays, un gros saphirs assiz ou fermail, et vint deux autres saphirs, six dyamens et cinquante quatre grosses perles ; pesant deux marcz, cinq onces, deux esterlins et demy.

22. *Item* une attache de mantel d'or, en laquelle a onze balais, doze saphirs et quatre vint et doze grosses perles; pesant sept onces, et dix sept esterlins.

23. *Item* deux fermaulx d'or, faiz en guise de deux fleurdeliz, esquelz sont huit balaiz, quatre saphirs et quarante huit perles; pesant un marc, une once, sept esterlins et demi.

24. *Item* un fermail d'or, a un dain esmaillié de blanc, ouquel a un rolet, et lettres escriptes, *qui dient plus haut.* Et y a quatres balaiz, dix perles; pesant deux onces, huit esterlins.

25. *Item* un fermail d'or, a une dame esmaillié, qui tient une herpe, et un petit chenet blanc emprès elle, garny de deux balais et neuf perles; pesant deux onces, doze esterlins et demi.

26. *Item* un petit fermail d'or, a une biche et une bichete esmaillié de blanc, garni de un dyament très

1. Agrafe, broche, ou généralement tout bijou servant à attacher quelque ajustement.

gros, et de cinq grosses perles; pesant une once, et onze esterlins.

27. *Item* un petit fermeillet d'or, a une turterele esmailliee dedans un soleil, qui tient un rolet.

28. *Item* un autre petit fermeillet, a trois dyamens et trois perles, et un chasteau ou millieu, ouquel n'a point de perrerie; pesant une once, cinq esterlins.

29. *Item* un autre petit fermail, a un pellicant esmaillié de blanc, où il y a un rubiz en la poitrine, et quatres perles; pesant une once, sept esterlins.

30. *Item* un fermail d'une coronne ouquel a quatre balayz, deux dyamens et onze perles; pesant deux onces, dix huit esterlins.

31. *Item* un autre fermail à six quarrés, ouquel a quatre balaiz, trois saphirs et doze perles; pesant quatre onces, neuf esterlins. *(Devers Madame.)*

32. *Item* un autre fermail, de un demi cerf esmaillié de blanc, sans perles et sans pierre; pesant une once.

33. *Item* un fermail, a une dame tenant un gros balaiz quarré, et y a un petit saphir et trois perles grosses; pesant deux onces, dix esterlins.

34. *Item* un reliquaire d'or d'un jasple, qui ferme à viz, et y a un Saint Georges dedens, garni de un balay, pesant une once et demie.

35. *Item* une petite violète d'or esmailliée de bleu.

36. *Item* une patenostres d'or à façon de Dampmas, et trois petites croisettes à perles; pesant deux onces, cinq esterlins.

37. *Item* une patenostres d'or esmailliée de blanc; pesant une once et demie.

38. *Item* un gros dyament en un annel tout plain.

39. *Item* un autre dyament en un annel, poinçonné emprès le dyament. *(Elle ne l'a pas.)*

40. *Item* un autre dyament meindre, en un annel tout plain.

41. *Item* un autre dyament, en un annel tout plain.

42. *Item* un autre dyament, en un annel poinçonné,

43. *Item* un autre dyament en un annel poinconné.

44. *Item* un dyament, en un annel esmaillié de blanc à *L* et à *V*.

45. *Item* un autre dyament petit en un annel haché.

46. *Item* un autre dyament, en un annel poinconné.

47. *Item* un annel à deux dyamens, qui est poinconné.

48. *Item* un balay ront, en un annel tout plain à quatre crampons; pesant seize esterlins.

49. *Item* un autre balay quarré sur le long, en un annel hachié; pesant demie once.

50. *Item* un petit rubiz, en un annel tout plain.

51. *Item* un autre rubiz, en un annel esmaillié de blanc.

52. *Item* un autre rubiz, en un annel poinconné.

53. *Item* un autre ruby, en un annel plat, escript de lettres.

54. *Item* un autre rubiz, en un annel poinconné.

55. *Item* un annel a un rubiz et un dyament.

56. *Item* un rubiz en un annel poinconné.

57. *Item* un rubiz quarré, en un annel tout plain.

58. *Item* un rubiz petit, en un annel tout plain.

59. *Item* un rubiz en un annel esmaillié d'or et de blanc.

60. *Item* un petit rubiz en un annel hachié à moittié.

61. *Item* un rubiz en un annel tout plain.

62. *Item* un rubiz en un annel poinconné à moittié.

63. *Item* un saphir à huit costés, en un annel hachié; pesant onze esterlins.

64. *Item* un autre saphir à huit costés, en un annel tout plain ; pesant treize esterlins (*devers Madame*).

65. *Item* un annel de un saphir, garni d'or par dedens.

66. *Item* un annel a une grosse perle ronde.

67. *Item* une grosse perle ronde longuete, sans annel.

68. *Item* un annel de vert.

69. *Item* un rangier [1] d'or esmaillié de blanc, les cornes d'or garni de un gros dyament, un rubiz et trois grosses perles ; pesant deux onces, seize esterlins.

70. *Item* uns tableaux d'or a façon de livre, garni de six balayz, six saphirs et quatrevins et huit perles ; pesant un marc, trois onces, trois esterlins.

71. *Item* une petite croix d'or esmailliée, garnie de un crucefix, et de un Agnus Dei.

72. *Item* unes petites heures, dont les aiz sont d'or esmailliées de une Annunciation et de la Gesine Nostre Dame, bordées de doze balaiz, petiz, dix saphirs et quarante perles.

73. *Item* unes grans heures garnies de aiz d'or, a ymages enlevez, cest assavoir, une annunciation nostre dame, saint Loys de France, saint Loys de Marceille.

74. *Item* quatorze filz de perles grosses, ou il y a trois cens trente six perles.

75. *Item* neuf cens cinquante cinq perles de compte ; pesant sept onces, doze esterlins et demi.

76. *Item* dix sept cens quarante neuf perles, autres de compte ; pesant un marc, doze esterlins et demi.

77. *Item* six cens autres perles menues ; pesant deux onces.

78. *Item* vint quatre mars de menues perles.

---

1. Renne.

79. *Item* un coffre de jasple et d'escorce de perles, garni d'argent doré; pesant onze mars et demi. (*devers Poulain et à present devers de Maride.*)

80. *Item* une sainture d'argent doré sur bisete [1] a royaulx [2] de perles; pesant cinq onces.

81. *Item* une bourse semée et garnie de menues perles, d'un espinglier d'argent doré, garni de perles.

82. *Item* une patenostres d'argent a un bouton de perles.

83. *Item* une croisette d'argent garnie de vraye croix.

84. *Item* une croix de jasple.

85. *Item* un ayz à livre d'argent doré, à sept images eslevez; pesant quatre mars, six onces, cinq esterlins.

86. *Item* une ymage d'ambre de Sainte Marguerite qui sault de dedens un serpent, assis sur un petit entablement d'argent doré.

87. *Item* un grant tableau d'yvoire et un estuy paint de bleu.

88. *Item* deux patenostres longues de corail.

89. *Item* une gueinsne garnie de quatre cousteaulx, a manches d'ambre virolez d'argent doré.

90. *Item* un coffret, a ymages d'yvoire tout autour.

91. *Item* un petit coffret d'yvoire, ou il [y'a] tables et eschez.

92. *Item* un petit escrinet garni de ymages d'yvoire.

93. *Item* un tablet de jasple et d'escorce de perles, doré par les bords.

94. *Item* unes petites heures couvertes de blanc, a un fermoir d'argent. (*Devers Madame.*)

---

1. Galon brodé ou sorte de dentelle étroite.
2. Peut-être des trousseaux de perles en formes de royaux.

95. *Item* un grant livre en alemant couvert de veloux vermeil, a deux fermoirs d'argent.

96. *Item* un autre livre ou est le service Saint Ambroise, couvert de cuir blanc.

97. *Item* un psaltier couvert de drap d'or blanc, a deux fermoirs d'argent et un bouton de perles, pour les enseignemens.

98. *Item* unes heures de Notre Dame couvertes de veloux vermeil, a deux fermoirs d'argent, à façon de bras.

99. *Item* un autre petit livre de Saint Cyprian, couvert de satin vermeil, a deux fermoirs d'argent.

100. *Item* un livre en alemant, couvert de veluiau rouge.

101. *Item* un autre livre d'alemans, et un Mandeville, couvers de cramoisy.

## POUR CHAPPELLE

*(Iste partes accelate redditus per dictum thesaurarium ut supra.)*

102. Premièrement deux longs chandeliers dorez pour chappelle, a chascun six esmaulx en la pate, aux armes de monseigneur et de madame : pesant huit marcz, sept onces.

103. *Item* deux petits chandelliers pour chappelle, et une boite à mettre pain à chanter [1], armoiés des armes du comte de Vertuz : pesant cinq marcz, demie once.

104. *Item* deux autres chandelliers de chappelle, dorez a six demiz compas aux armes de madame. Un petit bacin de chappelle deux burettes quarrées, chascune a un biberon, et une boite à mettre pain a chanter,

1. Les hosties.

deux petites salières, a trois petiz piez chascune, tous dorez ; pesant dix marcz, trois onces et demie.

105. *Item* un petit bacin, escript tout au tour de la bordure, deux burectes quarrés, une navete dorée, hachée à la navete cuillerete et l'encensier, une cuillerete dorée, un encensier à trois esmaulx, un calice à six esmaulx en la pate, ou il y a un crucefix et deux apostres d'esmail, une grant plataine a le couvrir, en laquelle a un crucefix desmail tous dorez ; pesans seze marcz, trois onces.

106. *Item* un eaubenoistier à façon de pot à aumosne, à aspergez, et une ance, tous dorez, hachez ; pesant sept marcz, une once et demye.

107. *Item* un ymage de Notre Dame dorée, a un entablement garni d'esmaulx, a pié de trois lyons, et une couronne de perles sur la teste ; pesans quinze mars, trois onces et demie.

108. *Item* deux angeloz dorez qui ont les eslès esmailliées, et les entablemens garniz d'esmaulx, et tiennent chascun ange un chandelier ; pesant vingt deux marcz, six onces.

109. *Item* un calice grant doré, a quatre demiz compas ou pie aux armes de madame, et une plateine à un crucefix d'esmail ; pesant quatre marcz, deux onces et demie.

110. *Item* une croix d'argent doré, a un crucifix et deux ymages d'enleveure, et est la crois esmailliée et la pate semée de quatre esmaulx aux armes de monseigneur de Touraine, et du conte de Vertuz : pesant dix huit marcz, trois onces.

111. *Item* un autre calice doré, plus petit, a une pate à quarrés et une plateine à un crucefix : pesant deux marcz, deux onces et demie.

112. *Item* une petite croix dorée, a une patte carrée,

garnie de quatre esmaulx ; pesant cinq marcz, une once.

113. *Item* une petite paix dorée a un crucefix esmaillié ; pesant un marc, une once. (*Item partes accolate redditus ut supra*).

114. *Item* une autre paix dorée, a un crucefix esmailié ; pesant un marc, une once et demie.

115. *Item* une chapelle entière de drap d'or a champ vert, fait a espiz d'or, c'est assavoir un frontier, un dossier, une chasuble, une aubbe parée et deux aimiz dudit drap, estole et fanon de meesmes et deux courtines de taffetas vert.

116. *Item* une chapelle blanche de deux draps d'or blanc, l'un à oysiaux et l'autre à arbres, où il a trois chapes, une chazuble, tunique et domatique, orfrasiez de dammaz, un frontier, un dossier, trois aubes garnies et parées, deux estoles et deux fanons et trois amiz parez, et une bourse de ce drap à mettre les corporaulx, et un coissinet de meesme, un parement de lectrin blanc de satin, et deux couvertures de taffetas blanc, et le parement de la nappe.

117. *Item* une chappelle de drap de soye et de satin noir, orfrasée de drap d'or de chyppre, où il a une chappe, un frontier et un dossier, deux estoles, deux fanons, trois amiz et trois aubbes, une chasuble, tunique et domatique, un estuy à corporaulx, un coissinet, un drap a parer le lettrin, et le parement de la nappe de l'autel, un poile de satin noir et une croix rouge, trois courtines pour l'oratoire, et deux courtines pour l'autel.

118. *Item* une chappelle de veloux vermeil, taint en graine, orfraziée d'or de chippre, et doublé de taffetaz vermeil, où il a une chasuble, deux chappes, tuniques et domatiques, un frontier et un dossier, deux estoles et deux fanons, trois aubes et trois amiz parez, un parement de lettrin, un coissin et une bourse garnie de cor-

poraulx, deux courtines pour l'autel de cendal vermeil, trois courtines de satin pour oratoire, et III courtines de tafetaz vermeil, et un drap d'or vermeil pour le siège qui est demouré devers madame, et les draps de cinq coissins pour les sièges de veloux, deux chappes, deux couvertures pour autel, trois courtines de taffetaz et deux draps de veloux pour coissins et d. a le surplus excepté le drap qui est devers madame.

119. *Item* une autre chappelle de drap d'or vermeil, doublé de taffetaz, où il a une chasuble, tunique et domatique, une chappe, dossier et frontier, deux estoles et deux fanons, trois aubes et III amiz parez, un parement de nappe d'autel, un coissin et un estuy à corporaulx, et seize saintures pour aubes, IX ceintures et plusieurs liens des amiz.

120. *Item* quatre pièces de toile contenant ........ ....[1] pour faire surpliz, et aubes, et trois surpliz faiz.

121. *Item* sept pommeaux dargent, pour mettre es chapperons des chappes.

122. *Item* sept fermaulx doublés, pour mettre au devant des chappes, aux armes de monseigneur de Touraine et de Vertuz.

123. *Item,* dix pièces de parement a aubbes, cest assavoir, six de drap d'or blanc, et quatre de vermeil, trois sur champ blanc et deux sur vermeil broudé à or.

124. *Item* trente neuf écussons des armes de monseigneur et de madame, pour faire paremens, que grans que petiz.

125. *Item* plusieurs cordes pour tendre les courtines.

126. *Item* deux couvertures de samit d'escure[2], à couvrir les autelz.

1. Le manuscrit est ici abîmé.
2. Etoffe de soie sergée.

127. *Item* doze nappes d'autel, et deux petites touailles à essuier mains, qui s'entretiennent.

128. *Item* un autel benoit [1], demouré avec madame.

129. *Item* un messel grant a l'usage de Romme, couvert de veloux, et deux fermoirs d'argent.

## CHAMBRES

*(De istis partibus nichil redditus per dictum thesaurarium).*

130. Premièrement une chambre de satin en graine, semée de cerfz, et a souleilz d'or de Chippre, a une turterelle ou millieu qui tient un rollet disant, *a bon droit,* en laquelle a ciel et dossier qui s'entretiennent, et une couste pointe de meesme, et trois courtines de satin en graine, six quarreaux couvers dessus, de veloux rouge et cinq dessoulz.

131. *Item* une autre chambre de drap vert semée despiz d'or, en laquelle a ciel, dossier et coustepointe, six quarreaux de meesmes entiers, et trois conrtines de satin vert.

132. *Item* une autre chambre de satin taint en graine, lozangiée de filz dor, et dedans les lozanges semée de liz blans, et ou millieu a un grant parc a quatre ymages de brodeure, ciel dossier et coustepointe, six quarreaux de meesmes, et trois courtines de taffetaz.

133. *Item* une autre chambre de drap d'or vermeil, ouvrée de liepars, cerfz et fleurs, à ciel et dossier et coustepointe de meesmes, six quarreaux de meesmes, et trois courtines de taffetas vermeil.

134. *Item* une autre chambre de veloux Ynde, semée de fleurs de liz d'or, a heaumes de plusieurs seigneurs, desquelles les armes de l'Empereur et du Roy

1. Autel portatif (?)

de France sont ou millieu, garnie de ciel, dossier de coustepointe, a quatre quarreaux couvers dessus de meesmes, et au dessoulz de cuir, a trois courtines de taffetas Ynde.

135. *Item* une autre chambre de drap asur brochie d'or, a royes de souleil, à tout [1] le ciel, dossier et coustepointe, a quatre quarreaux entiers, et trois courtines de satin asur.

136. *Item* une coustepointe de taffetaz blanc, rubannée d'or au travers.

137. *Item* sept banquiers de tappicerie et heaumes de monseigneur de Vertuz.

## ROBES

Premièrement une cotte hardie d'escarlate vermeille, brodée et semée de perles à bourraches et des fermellez d'or de Chipre, et un chapperon de meesme semé comme dessus.

139. *Item* une autre cotte hardie d'escarlate morée, semée de roleaux de perles et florettes de perles IIII à IIII, et le chapperon de meesmes.

140. *Item* une cotte hardie de drap vert, semée d'espix de perles et d'enneaulx d'or de Chipre, faiz en manière de dyamens, et un chapperon de meesmes.

141. *Item* une houppelande d'escarlate vermeille, brodée d'un rosier à feuilles vers, et florettes de perles.

142. *Item* une cotte hardie d'escarlate violète, semée de rateaux d'or de Chipre, à petites florettes de perles et un chapperon de meesmes.

143. *Item* une cotte hardie de veloux de cramoisy, le colet et le bout des manches brodez de grosses perles.

1. Avec.

144. *Item* une houppelande d'escarlate violète, brodée de un rosier à feuilles vers, semée de roses et de pampes de perles, par le colet et à la manche.

## VAISSELLE D'OR

*(Iste partes accolate redditus ut supra.)*

145. Premièrement un hanap d'or, sizelé à grains dedens, fait en manière de rayes de souleil, sur le couvescle et à le col, et esmaillié de blanc et de rouge ; pesant quatre marcz, une once et demie.

146. *Item* un gobelet d'or goderonné, haché d'ymages de haute taille, a quatre boutons esmailliez de rouge cler et trois perles ou fretelet; pesant quatre marcz, une once et demie.

147. *Item* un hanap et une esguière d'or poinconné. les fretelez garniz chacun de cinq perles et un saphir; pesans quatre marcz, sep onces et demie.

148. *Item* un gobelet et une esguière d'or, faiz en manière de glan, garniz les deux de quinze balaiz, seize saphirs et soixante et quatre perles, et les fretelez garniz chacun de six perles, et un saphir plus gros que les autres; pesans six marcq, trois onces et demie.

149. *Item* un miroer d'or, a un esmail de Saincte Katherine et un ymage de Notre Dame d'enveleveure [1] au dessus, garni de quinze balais que gros que petiz, et de treize saphirs que grans que petiz, et soixante et onze perles; pesans cinq marcz, une once.

150. *Item* un reliquaire d'or, a un ymage de Notre Dame dedens un liz entre deux arbres, garni de six saphirs et seize balais, un camahiu et trente trois perles; pesant trois marcz, deux onces.

1. En relief.

151. *Item* un autre hanap d'or couvert, et sur le couvescle a une pomme de pin, moitié blanche moitié dore; pesant deux marcz, trois onces, onze esterlins *(devers madame)*.

## VAISSELLE D'ARGENT DORÉ

*(Iste partes accolate redditus ut supra.)*

152. Premierement une vieille quarte d'argent, au heaume du conte de Vertuz sur le couvescle; pesant neuf marcz quatre onces.

153. *Item* une esguière quarrée, dorée au fretel des armes dudit conte de Vertuz, quarré et esmaillié; pesant quatorze marcz.

154. *Item* deux bacins à laver, dorez et esmaillez de coronnes et de liz au fons; pesans quatorze marcz.

155. *Item* un grant vieil bacin doré, au heaume et armes du conte de Vertuz; pesant huit marcz trois onces et demie.

156. *Item* quatre vieilles tasses dorées, marquiées au retel; pesant quatre marcz.

157. *Item* cinq hanaps dorez, marquiez à z; pesans quatre marcz deux onces et demie.

158. *Item* trois dozaines de tasses dorées toutes neufves, sans seing et sans armes; pesans cinquante quatre marcz.

*Item* trente six hanaps godronnés et hachez, a couronnes aux armes de madame de Touraine au fons; pesans quarante neuf marcs deux onces.

160. *Item* une noix de Ynde qui fait un gobelet, a un pié de griffon d'argent doré et a quatre perles sur le fretelet; pesant un marc cinq onces et deme.

161. *Item* deux grans bacins d'argent dorez tous

neufs, tailliéz aux armes de madame de Touraine a roleaux et coronnes; pesans dix huit marcz deux onces.

162. *Item* deux grans esguières dorées et quarrées semées d'esmaulx, et aux armes du conte de Vertuz sur les fretelez, et à chascun tuyau d'icelles a un serpent; pesant trente quatre marcz.

163. *Item* un hanap doré couvert, semé d'esmaulx, a un tréppie a ymages, a un cerf et un cheval; pesant quinze marcz quatre onces et demie.

164. *Item* deux autres esguières dorées bien aussi grans, garnies d'esmaulx par le milieu, et à chascun tuyau d'icelles a une teste de serpent; pensant trente trois marcz et demie [1].

165. *Item* six vieilles tasses dorées; pesans cinq marcz six onces.

166. *Item* deux autres esguières dorées, appellées quoque marz, qui ont les ances et les corps garniz d'esmaulx et d'ymages, et ont tuiaulx qui ont engoulé enfans; pesant cinquante sept marcz une once.

167. *Item* deux autres grans quoquemarz doréz, hachez garnis d'esmaulx par le millieu, a chacun huit lyons en la pate, et ont les tuyaulx de testes de serpent qui ont engoulé enfans; pesans quarante neuf marcz six onces et demie.

168. *Item* deux grans bacins dorez garniz d'esmaulx par les bors, et armoyez au fons des armes de madame; pesans quarante et un marcz six onces.

1. En 1396, lorsque Valentine fut éloignée de la cour, ces aiguières, ces coquemars (v. n[os] 166-7) et ces baçins (v. n[os] 168-70) faisaient partie de sa vaisselle. V. *Musée Britannique,* M. S. 11541. (Inventaire des effets baillés par ordre de Louis d'Orléans à Denis Mariète, 22 septembre 1396), et Bibliothèque Nationale, Nouvelles Acquisitions Fr. vol. 20027, N° 173. (Quittance de la duchesse, daté le 20 juin 1397).

169. *Item* deux autres bacins dorez, escripz sur les bors de lettre de grec, armoyez des armes de madame au fons; pesans trente deux marcz sept onces.

170. *Item* deux autres bacins dorez, de la façon de ceulx ci devant nommez; pesans dix huit marcz quatre onces.

171. *Item* un bacin dorez aux armes du conte de Vertuz; pesans sept marcz deux onces.

170. *Item* une esguière dorée hachée vieille, a un fretelet ou sont les armes dudit conte; pesant sept marcz quatre onces et demie (*elle demoura devers madame et a esté perdue.*)

173. *Item* deux flacons dorez hachez garniz d'esmaulx par les bors, a chascune pate quatre lyons armoyez d'une part et d'autre, aux armes de madame de Touraine, et à chascun flacon a deux serpens, et ont courroies ferrées tout du long; pesans quarante marcz et demi.

174. *Item* deux viez flacons dorez garni d'esmaulx, a chacun trois testes enlevées, et ont saintures ferrées au long; pesans quarante marcz cinq onces.

175. *Item* un lavouer [1] à quarrés doré, a deux tuiaulx et une ance armoyez sur le couvescle des armes de madite dame; pesant vingt et un marcz et demi.

176. *Item* deux grans bacins dorez goderonnez, esmailliez sur les bors et armoyez au fons des armes de madicte dame; pesans vint quatre marcz six onces.

177. *Item* une chauffete [2] d'argent dorée, aux armes et heaume du conte de Vertuz; pesant vingt marcz quatre onces.

---

1. Cf. Lavatorium : vas fundendo aquam ad manus aptam [Ducange].

2. (?) Chauffe-mains. V. *Musée Britannique*, Section Moyen-Age, (Table-case, Bay XV) chaufferette ou chafing-ball.

178. *Item* doze tranchouerz dorez viez; pesans onze marcz quatre onces. *(Madame en a six).*

179. *Item* vint quatre tranchouerz dorez tous neufz; pesant vint quatre marcz.

180. *Item* deux boîtes dorées, l'une à sel et l'autre à poudre[1]; pesans deux marcz deux onces et demie. (*Madame en a une à sel — vendue.*)

181. *Item* une petite salière sans couvescle; pesant trois onces.

182. *Item* une salière d'argent goderonnée, dorée. a un arbre de corail où il a vingt neuf langues de serpent; pesant neuf marcz sept onces et demie. *(Vendue.)*

183. *Item* quatre dragouerz dorez hachez, pareulx aux armes de madicte dame; pesans trente huit marcz demie once.

184. *Item* six petiz chandelliers neufz dorez, a chascun six esmaulx des armes de monseigneur et de madame; pesans doze marcz quatre onces.

185. *Item* un engin à mettre et asseoir œufz, et un coissinet à quatre piez, tous dorez; pesant un marc.

186. *Item* deux cuillierz et deux fourchetes d'argent dorez; pesant cinq onces.

187. *Item* trois petiz chandelliers viez dorez, armoyez aux piez des armes du conte de Vertuz; pesans cinq marcz demie once.

188. *Item* une nef dorée, semée d'esmaulx, et sur les borz a quatre roes, et un chastel à chascun bout, et à chascun chastel a deux bannières esmailliées des armes de monseigneur de Touraine et du conte de Vertuz; pesant trente cinq marcz six onces.

189. *Item* une autre nef plus petite, dorée et semée d'esmaulx sur le bort, et dessoulz a quatre roes et deux

1. Poivre ?

chasteaux et deux banières aux boutz armorez de monseigneur de Touraine et du conte de Vertuz et pesant trente marcz.

190. *Item* une petite nef de cristal, garnie d'argent doré sur le bort; pesant sept marcz une once.

191. *Item* huit grans plaz dorez viez, non armoyez; pesans soixante marcz six onces et demie.

192. *Item* doze grans plaz dorez tous neufz, enlevez au fons en manière de roses; pesans soixante sept marcz six onces.

193. *Item* sept escuelles d'argent dorées vieilles, et marquiées aux armes de madame Blanche de Savoye [1]; pesans neuf marcz trois onces.

194. *Item* huit escuelles petites dorées à façon de bort; pesant neuf marcz six onces.

195. *Item* deux XII^nes^ de petites escuelles dorées neufves; pesant vint sept marcz deux onces et demie.

196. *Item* trente huit autres escuelles dorées plus grans; pesant cinquante sept marcz sept onces.

197. *Item* trois dozaines de culliers d'argent dorées; pesans cinq marcz.

198. *Item* un tabernacle d'argent doré à mettre feu, et une boîte dessus a une ance dorée, lequel tabernacle a quatre grans esmaulx des armes de madicte dame; pesant vingt huit marcz une once.

## VAISSELLE D'ARGENT BLANC

*(Iste partes accolate redditus ut supra.)*

199. Premièrement cinq viez hanaps d'argent blanc, senz armes, marquées a un *C*, et furent dorez; pesant six marcz et cinq onces.

---

1. Femme de Galeazzo Visconti, et ainsi grand'mère de la duchesse Valentine.

200. *Item* six dozaines de tasses blanches [1], senz marques et senz armes; pesans soixante dix sept marcz.

201. *Item* cinq petitz plaz d'argent, sens armoyrie, et ont une petite teste de Saint Ambroise sur le bort ; pesans quinze marcz une once.

202. *Item* dix autres plaz d'argent blanc, sans armoirie, signez sur le bort de *G* et *Z;* pesant trente marcz sept onces et demie.

203. *Item* trois viez plas d'argent blanc, qui furent dorez sans seing et sans armoirie; pesant quinze marcz.

204. *Item* sept autres plas blans, qui furent dorez senz seing et sans armoirie; pesans vint deux marcz demie once.

205. *Item* deux dozaines de plas d'argent blanc; pesant soixante seize marcz trois onces.

206. *Item* doze plaz d'argent blanc, a un escu effacié; pesans cinquante huit marcz une once.

207. *Item* quatorze vieilles escuelles blanches; pesans vint marcz six onces.

208. *Item* dix grans escuelles neufves, et vint trois petites d'argent blanc; pesant six marcz deux onces.

209. *Item* neuf dozaines de culliers d'argent blanc; pesant treize marcs deux onces.

210. *Item* deux gardes mengiers d'argent blanc veré, qui ont chascun une bosse et sur cette bosse une serrure garnie de deux clefz, et ont tissus vermeulx garniz de boucles et de mordans; pesans trente sept marcz quatre onces.

211. *Item* un bacin à barbier d'argent blanc, qui ont les borz dorez, et un grant pot d'argent blanc fait en

1. D'argent.

manière de broch[1]; pesans dix huit marcz une once et demie. (*Devers Madame.*)

212. *Item* un grand bacin à barbier d'argent blanc viez, doré sur le bort, et un grand quoquemart d'argent blanc; pesant vint huit marcz.

*Autre vaisselle donnée à Madame de Touraine par la Ville de Paris*[2]

## VAISSELLE D'OR

*(Iste partes accolate redditus ut supra.)*

213. Premièrement un hanap couvert et un esguière d'or, pesant huit marcz une once quinze esterlins dont le hanap poise....

## VAISSELLE D'ARGENT DORÉ

214. Premièrement une nef à deux cages aux deux boutz; pesant vint quatre marcz six onces.

215. *Item* un dragouer ; pesant onze marcz deux onces dix esterlins.

216. *Item* doze plaz; pesant quarante neuf marcz.

217. *Item* deux dozaine d'escuelles; pesans quarante huit marcz sept onces dix esterlins.

218. *Item* six potz; pesans trente neuf marcz cinq onces deux esterlins obole.

219. *Item* six esguières; pesant dix sept marcz six onces dix esterlins.

220. *Item* doze hanaps; pesant vint quatre marc trois onces dix esterlins.

1. Broc.
2. Vaisselles présentées à la duchesse de Touraine lors de son mariage le 24 août 1389, voir l'Introduction.

221. *Item* une salière d'argent dorée; pesant trois marcz cinq onces dix esterlins.

## VAISSELLE VERÉE

222. Premièrement un pot à aumosne; pesant doze marcz dix esterlins. *(Devers madame.)*

223. *Item* six bacins; pesant trente marcz deux onces dix sept esterlins obole.

224. *Item* six esguières; pesans quinze marcz quatre onces doze esterlins obole.

## VAISSELLE TOUTE BLANCHE

225. Premièrement doze plaz; pesant trente six marcz dix esterlins.

226. *Item* six grans plaz; pesans trente six marcz.

227. *Item* quatre XII^nes d'escuelles; pesans soixante dix marcz deux onces doze esterlins obole.

228. *Item* six potz d'argent blanc; pesans trente six marcz trois onces deux esterlins obole.

## INVENTAIRE II

*Papiers et registrés des joyaulx et vaisselle d'or et d'argent*[1]*... d'or et de soye de feux monseigneur le duc d'Orléans et madame la duchesse d'Orléans, sa femme. Tant ceulx que feue ma dite dame aporta de Lombardie, comme autres que devers madame d'Anneville*[2] *estoient en garde. Receuz de madite dame d'Anneville et inventoriez ou Chastel de Blois, le mardi iiij*e *jour de décembre, l'an mil IIII*e *et huit, et les mercredi, jeudi et vendredi ensuivants, tantost après le trespas de feue madite dame. Du commandement et ordonnance de mon seigneur et de ma dame d'Orléans, leurs enfens, et assentement de leur conseil ; par révérend père en Dieu l'abbé de Chessy*[3]*, confesseur, conseiller et exécuteur de feue ma dite dame, messeigneurs Pierre de Mornay, chevalier, chambellan et conseiller de mondit seigneur d'Orléans, et gouverneur du duché d'Orléans, Jehan Mauvoisin*[4]*, escuier et maistre d'ostel de feue madite dame, et gouverneur de la conté de Blois, et maistre Pierre Sauvage, secrétaire de feue madite dame, et de monseigneur d'Orléans, à ce commis et ordonnez. Et premier de ceulx que madite dame aporta de Lombardie, comme dit madicte dame d'Anneville.*

1. Le manuscrit est ici abîmé.
2. Marguerite de Besons. Il est possible qu'après le meurtre du duc Louis, des objets précieux fussent cachés chez différentes personnes dévouées à la maison d'Orléans.
3. Chesy près de Soissons.
4. En 1391, Mauvoisin avait été écuyer d'écurie du duc Louis.

## COURONNES D'OR

229 [1]....................... garnie de grosse pierrerie ......................... fleurons et six entre deux ......................, esmailliez d'azur et de vert, et en ......................... cinq saphirs et cinq balaiz et en l'autre fleuron pareil, au tant de pierrerie assis, au contraire, et en chacun des grans fleurons a trente cinq perles, et en chacun deux a deux esmeraudes et cinq perles.

230. *Item* une couronne, en laquelle a six haulx fleurons et six petiz, et chacun fleuron séant en ung clou c'est assavoir ou clou de chacun fleuron a quatre grans saffirs, ung balay et quatre dyamens, et ou fleuron qui siet dedens a quatre dyamens, neuf perles et quatre dyamens; et en chacun des autres grans fleurons a, et ou clou au tant de perles et de pierrerie assis au contraire, et chacun des six petiz fleurons siet en ung clou on rondeau, environné de perles, ou sont seize grosses perles et ung saphir en l'un des rondeaux, et ung balay en l'autre; et en chacun petit fleuron a trois dyamens cinq perles quatre balaiz et ung saphir, et autant au contraire es autres petiz fleurons.

## CHAPEAUX

231. Ung chapeau fait en forme d'une cornette, ouvré à menu feuillage, et de nouvelle façon, ouquel sont trente six saffirs, et dix huit balaiz, et troys rangés, en chacune rangé six dozaines de perles assez grosses.

---

1. Le manuscrit est ici abîmé.

*(Le* XVII^e^ *jour de mars* IIII^c^ *et huit monseigneur le donna à madame* [1].)

232. Ung chapel garny de quatorze fermaulx, sept grans et sept petiz, les grans garniz de quatre saffirs, et de quatre grosses perles, et ung balay au milieu chacun, et les sept petiz de quatre balaiz et une grosse perle au milieu. (*Ordonné pour Paris et porter pour vendre.*)

233. Ung chapeau en façon de cornète et de nouvelle façon fait à feuillage de roses, garny de dix huit rans de grosses perles, de cinq perles le rang à neuf gros saffirs au milieu, trois quarrez et six que long que becarrez, nuef gros balais, quatre quarrez et les autres rons et cornuz, et quatre vins dix grosses perles. (*Monseigneur le donna a madame le* XVI^e^ *jour de mars mil* IIII^c^ *et huit*).

234. *Item* ung chapel en une esclisse estroite, de neuf [2]... esmailleez de blanc par dedens, dont en cinq dicelle sont cinq gros balaiz, et en quatre autres quatre gros saffirs et nuef trèfles d'or, en chacune trèfle trois perles, pendues et ung dyamant, et au long de l'esclisse dix huit boutons de roses blanches et rouges.

235. *Item* ung chapel d'or de vieille façon ou quel sont nuef chatons, dont il fault en l'un une proesme d'esmeraude [3], et en quatre autres sont quatre esmeraudes, et es quatre autres quatre rubiz d'Alexandre et huit rondeaux de perles, en chacun rondeau dix perles, dont en quatre sont quatre rubiz d'Alexandre, et es quatre

1. 1409 (N. S.) En 1408 (A. S.) Pâques tomba le 15 avril. Il faut croire que la plupart des notes insérées entre parenthèses dans l'Inventaire II fussent ajoutées plus tard.

2. Le manuscrit est ici abîmé.

3. Prime ou cristal coloré qui prend le nom de la pierre fine dont il se rapproche le plus par sa couleur.

autres quatre esmeraudes. Et deux autres rondeaux de mesmes qui sont hors euvre.

236. *Item* une coiffe à perles où sont au frontel treize troches, chacune de quatre grosses perles et ung dyament au milieu, et au long du frontel entre lesdites troches sont douze chatons, en chacun a ung gros balay; et sur la teste de la dicte coiffe sont douze vins perles en IIII^xx troches et quarante saffirs et trente neuf balaiz. (*Aubertin* [1] *l'a*).

## COLIERS D'OR

237. *Item* ung colier d'or tout *V.V.S.* ou devant a un très gros balay, et dessoulz ce balay un très gros dyament, et quatre grosses perles, et à l'entour dicelluy colier sont autres huit gros balaiz, et environ sont dix huit cosses ou en chacune a quatre grosses perles. (*Monseigneur le donna à ma dame* le XVI^e *jours de mars mil* III^c *et huit*).

238. *Item* ung autre colier tuers, où environ sont cosses blanches et vers, et pendent ou devant ung fermail ront auquel a un gros balay quarré, cinq grosses perles, et troys gros dyamens et au fermail pendant deux cosses, une verde et une blanche, où en chacune a un fin ruby d'Orient; et à l'environ dudit colier sont quatorze gros balaiz, et soixante trois grosses perles. (*Le* VIII^e *jours d'aoû̂t mil* IIII^c *et neuf monseigneur d'Orléans, presens monseigneur de Vertus* [2], *sire des Gaules et Aubertin, aufevre de mondit segneur, leva de ce colier le fermail et ad ce survint ma dame que ledit fermail, et les susdiz*

---

1. Orfèvre de la duchesse d'Orléans.

2. Philippe, 2^me fils du duc Louis d'Orléans. A la mort de son grand-père Gian Galeazzo Visconti en 1402, il avait hérité de celui-ci le fief de Vertus.

*veirent emporter à mondit segneur, garny en la forme descripte en cestuy article*).

239. *Item* un autre colier double, fait en manière de chayenne, ou sont quarante huit pièces ou pendent vint quatre troches de perles chacune des trois perles, et y pendent aussi vint quatre balaiz, et vint quatre perles à jour.

## SAINTURES D'OR

240. Une sainture d'or sur deux chayennes d'or, dont en la boucle a trois saphirs, et trois grosses perles, et ou mordant trois balaiz et trois grosses perles et ou bout de la chayenne ung saphirs pendant à jour, et au lond dicelle sainture sont dix huit cloux en façon de violetes blanches, dont en nuef a en chacun un balay et cinq perles, et es autres nuef, en chacun ung saphir et cinq perles.

241. *Item* une sainture d'or estroite à cloux quarrez, en laquelle a en douze cloux, douze balaiz et en treize autres clous treize saphirs et y fault ung balay, et en vint six cloux en chacun a une rose de cinq perles, excepté en deux roses, esquelles il fault en chacune une perle.

242. *Item* une sainture d'or à la façon d'Angleterre, en laquelle a vint cloux tous environnez de perles dont es dix a en chacun un saphir que tiennent deux testés d'esgles et environ... saphirs et dix autres perles, et en dix autres rondeaux a on chacun une perle, et on mylieu attaché d'un dyament environné de quatre balaiz, et quatre dyamens ; ou fermail d'icelle sainture a ung soleil on milieu, et sur icelluy soleil une casse [1] sans

1. Châsse.

pierre environnée de menues perles. Et sur ledit fermail sont cinq troches chascunes de quatre perles et ung diament on milieu ; et sur ledit fermail sont six balaiz et ung diament tout seul et y faillent quatre perles.

243. *Item* une atache d'or pour un mantel, en laquelle a vint violetes blanches où en chacune a deux perles et dix violettes vermeilles, en chacune ung saphir et dix fleurs de bourreches, en chacune ung balay.

244. *Item* une vielle atache d'or de peu de value, à vint trois cloux ou sont aucunes menues perles.

245. *Item* une boutonneure d'or à chappe de dix boutons sur violettes blanches, dont ès cinq a en chacun ung gros saphir et cinq grosses perles, et ès autres cinq en chacun ung gros balay, et six grosses perles

## JOYAULX D'OR

246. Un reliquiaire d'or assis sur six daulphins, ystorié de Saint-Denis, et sur le pié dessoulz à l'environ sont trois saphirs et troys balais et six troches chacuns de quatre perles et une petite esmeraude on milieu : et contremont le reliquiare sont six balaiz et cinq saphirs, et ung bon saphirs au bout amont [1] ; et contrement icelluy reliquaire, d'un costé et d'autres, sont soixante dix nuef perles deux esmeraudes et ung camahieu au front devant.

247. *Item* ung autre joyaux d'or d'un preau assis sur quatre chasteaulx, et on milieu du preau est ung liz blang dedens lequel est assise Nostre Dame, environnée de deux arbres, esqueulx arbres en chacun arbre a deux saphirs, huit balaiz et douze perles, et en la chayere Nostre Dame quatre perles ; et au dessus, entre les esles

1. En haut.

de l'angel qui couronne Nostre Dame, ung camahieu et quatre grosses perles; et sur les pointes de deux desdiz chasteaulx a deux perles et sur les autres deux chasteaulx deux saphirs.

248. *Item* ung petit coffre de crystal garni et bordé de perles, en trois lieux a six balais.

249. *Item* ung cassidoyne creux, où dedens est logée en estant[1] ung ymage de Saint George, et a l'environ sont Notre Dame, Saint Christofle et Sainte Katherine : et dessus sont trois grosses perles, ung balay, ung saphir et une esmeraude.

250. *Item* ung aubenoistier d'or à tout le guipillon d'or pendant à une chayenne d'or, où est esmaillée ung ymage de Nostre Dame, vestue de rouge cler; et ès bordeures, hault et bas, sont vint six perles, six saffirs et six balais; et dessus le couvercle sont trois perles et ung saffir.

251. *Item* une treile d'or où sont quatre perles et ung petit saffir; et dedens est esmaillié ung ymage de Nostre Dame.

252. *Item* ung reliquiaire d'or où dedens est Saint Anthoine, et à l'environ par dehors quatorze menues perles, quatre saffirs, cinq balaiz: et y fault ung saffir.

253. *Item* ung autre petit reliquiaire d'or, où dehors est l'Annonciation esmaillée et de l'autre costé la Nativité; et autour à l'environ seize perles et dedens est Saint Martin.

254. *Item* ung autre petit reliquiaire d'or quarré où sont cinq perles, et quatre petiz balaiz, et dedens ung ymage de Nostre Dame.

255. *Item* ung reliquiaire d'or quarré, où autour sont

1. Debout.

trente menues perles et dessus est esmaillié de la pitié Nostre Seigneur.

256. *Item* ung reliquiaire d'or en façon de pomme, où dedens est l'Annonciacion et dehors est esmaillée d'apostres, et une perle dessus.

257. *Item* ung petit flascon de cristal garni d'or ou sont huit grosses perles et quatre balaiz ; et dessus, à l'estoupail [1], sont trois perles et ung saffir pendant à ung tissu garny de dix cloux d'or à cinquante menues perles.

258. *Item* ung autre petit flascon d'or tout pareil du dessus dit.

259. *Item* ung gobelet de cristal garny d'or ouquel sont douze troches chacune de trois perles, et quarante une perles, dix balaiz et dix saffirs, et on couvescle dicelluy gobellet a l'environ seize troches, chacune de trois perles, et vint quatre autres perles, quatre saffirs et quatre balaiz, et trois esmeraudes dessus ; et on fretelet sont trois grosses perles, six plus menues penrent, avec trois bons balaiz et ung gros saphir.

260. *Item* en une chayenne d'or est pendue une croix ou sont cinq petiz camahieux et quatre menues perles, et l'autre une pierre courneline ou façon d'un visage, et un autre où il a de la robe de Nostre Seigneur, et une autre petite plate pierrette. (*Monseigneur l'a pris devers luy*).

261. *Item* une croix d'or esmaillée d'un crucifiement au dos, a trois balaiz deux saphirs et six perles.

262. *Item* ung reliquiaire garny des reliques Saint Loys esmaillié d'un crucifiement au doz et de l'autre costé ung camahieu. (*Non*).

263. *Item* une croix de couleur de balay où est taillié

1. Bouchon. Cf. le mot anglais stopper.

le crucifiement, où sont quatre perles et quatre petites esmeraudes.

## TABLEAUX D'OR

264. Ung petit tableau d'or où dedens est Sainte Marguerite et le dragon environné de cinq balaiz et de quinze troches, chacune de trois perles.

265. *Item* ung autre petit tableau d'or, à demy rondt, où dedans est ung demy ymage de Nostre Dame environné de six balaiz et six troches chacune de trois perles, et en une couronne que deux angelz tiennent pour couronner Nostre Dame, sont trois perles, deux petiz balaiz et ung saffir; et tient Nostre Dame une fleur blanche en laquelle a ung petit ruby.

266. *Item* ung tableau d'or doublé, où dedens est Nostre Dame assise en ung preau tenant Nostre Seigneur, environné de trente huit bonnes perles, fermant à ung huisset esmaillié de Saint Jehan Evangéliste, pendent à une chayennette d'or.

267. *Item* ung autre tableau d'or doublé dedens, ou quel est en l'ung des costez l'image Saint Jehan Baptiste à moitié, et en l'autre moitié Sainte Katherine esmaillée de blanc, environné de dix sept balais et de seize perles, à deux esmaulx par dehors de Saint Jehan et de Sainte Katherine sur ung champ asur, pendant à deux petites chayennes d'or.

268. *Item* ungs tableaux doublés à deux ront esmailliez par dehors, et dedens est le crucifiement et Nostre Seigneur au sepulcre; environnez les deux tableaux de huit balaiz et huit saphirs et quarante huit perles pendens, à deux chayennettes d'or qui tient ung angelot. (*Portés à Paris pour vendre*).

269. *Item* ungs tableaux à pignon où dedens en

l'un est Nostre Dame, et en l'autre Sainte Katherine, huit saffirs et huit balaiz, deux esmeraudes et trente deux perles et deux sur les pignons par dehors.

270. *Item* une pomme d'or esmaillée de rouge cler; en une des moitiez est le chief Sainte Katherine et d'autre costé la roe [1] et l'espée, avec quatre balaiz et huit perles.

271. *Item* ungs tableaux d'or des trois pièces où au milieu est la Trinité, et en ung Nostre Dame et en l'autre Saint Jehan Evangéliste. (*Non. Sciatis quid devenerent a domino*).

272. *Item* ung grand tableau d'or, où dehors à l'un des costez est le baptisement de Nostre Seigneur par Saint Jehan, et de l'autre costé Sainte Katherine, et Sainte Marguerite, environnez de menue pierrerie; et dedens sont la pitié de Nostre Seigneur en ung costé, et en l'autre est Nostre Dame avec trois saphirs du Puy [2] et trois balaiz et huit perles.

## HEURES D'OR

273. Unes petites heures d'or où sur les ays sont XXIIII perles et huit petiz balais, et ou fermouer deux perles et ung petit saphir, et dessus deux petiz saphirs et une perle, et dedens sont la Trinité et Nostre Dame et quatorze perles et huit saphirs petiz.

274. *Item* unes heures de Nostre Dame qui ont les ays d'or, d'un costé est l'Annonciation d'ymages enlevez, et d'autre costé est Saint Loys de France et Saint Loys de Marcelles, enlevez.

275. *Item* unes autres petites heures dont les ays sont d'or, esmailliez d'un costé l'Annonciation, et de l'autre

1. Roue.
2. Cristal de roche d'un bleu céleste.

la Nativité, garnies de menue pierrerie dont il y fault deux perles et deux pierres.

276. *Item* ung livre d'or à tout la chemise d'or, ou dedens à la Salutation Elisabeth et la feste de Noël esmaillées, et vint deux balaiz quarante perles, et ès deux fermouers en chacun quatre perles ; et y avait deux dyamens, dont il en fault ung.

## MIROUERS D'OR

277. Ung mirouer garny d'or où au costé, en ung esmail, est Nostre Dame et les trois roys de Coulongne, à une bordeure où sont dix troches, où sont quarante perles et cinq saphirs et cinq balaig, a à l'ennelet ung gros saphir et cinq perles.

278. *Item* ung entre mirouer garny d'or où au tour sont huit perles, et en l'autre costé est Nostre Dame, tenant Nostre Seigneur, de painture, à ung voirre dessus et autour sont vint perles et huit balaiz.

279. *Item* ung autre mirouer garny d'or pendant à deux chayennetes, et dessus sont deux arbélestes, et sont à l'environ seize perles en quatre troches, six saphirs et trois balaiz, et en quatre tourneles quatre perles.

280. *Item* ung mirouer d'or poinconné par dehors de Saint George, et dedans est l'Annonciation à un costé et à environ des deux sont douze troches, chacun de trois menues perles, six saphirs et six balais : et avecque ledit mirouer, tout en un estuy de cuir, sont ung pigne[1] d'ivière, garni d'or et poinconné, avec une gravionère toute d'or poinconné.

281. *Item* ung petit mirouer garni d'or où est, de

1. Peigne.

une coquille de perles façonnée, une licorne et ung homme monté dessus.

282. *Item* ung bien petit mirouer d'or à deux lunettes, où d'un costé est Sainte Katherine, et de l'autre Saint Jehan Baptiste; et y sont huit menues perles, quatre petiz balaiz et quatre petits saphirs.

## FERMAULX D'OR

283. Une couronne d'or en façon d'un esmail, où sont trois très bons balaiz et troys grosses perles et deux troches de huit bonnes perles, et deux dyamens et ung gros saffir. (*Non. Sciatis a domino*).

284. *Item* ung fermail d'or ens une fueille blanche à ung très bon balay, et cinq très bonnes grosses perles. *(Non.)*

285. *Item* ung petit reliquiaire d'or en façon d'un fermail, où est ung angelot, ung dyament, trois bons saffirs, et deux bons balais et une grosse perle. *(Non.)*

286. *Item* ung petit fermeillet d'or, ou sont trois bons rubiz d'Orient, ung dyament, trois grosses perles, et une menus pendent. *(Non.)*

287. *Item* ung fermeillet d'or d'un fenix blanc et ung petit ruby à la poitrine et quatre perles. *(Non.)*

288. *Item* ung fermail d'or d'un angelot plumeté de gris, quatre perles et ung balay. *(Non.)*

289. *Item* ung fermeillet d'or à ung arbret et une tourterelle blanche, à trois troches chacune de trois perles, ung balay et deux saffirs et six menues perles.

290. *Item* ung fermeillet d'or à six pointes, où sont quatre balaiz, trois saphirs et nuef perles. *(Non.)*

291. *Item* ung fermeillet d'or d'une violète blanche on dedens sont trois grosses perles et ung saffir. (*Non*).

292. *Item* ung autre fermail d'or à ung cerf volant blanc, et ung balay sur l'espaule. (*Non*).

293. *Item* ung fermail d'or en façon d'un arrest [1] où pendt un annel où est ung dyament quarré. (*Non*).

294. *Item* ung petit fermail d'or où est une biche blanche, où sont six perles et deux troches et ung saphir; et y faillent deux balaiz. (*Non*).

## ANNEAULX D'OR

295. Ung annel d'or où est le gros dyament dont ma dame fu espousée.

296. *Item* ung autre annel d'or où est le ruby quarré dont ma dame fu espousée.

297. *Item* ung annel d'or d'une verge [2] plainne où est ung saffir très fin à huit quarrés.

298. *Item* ung autre annel d'or à une verge ouvrée, à ung beau saffir à huit quarrés.

299. *Item* ung annel d'or à une verge esmaillée, à ung bon petit saphir quarré.

300. *Item* ung autre annel d'or à une verge ouvrée, où est une bonne esmeraude quarrée.

301. *Iem* ung anneau d'or à une verge ouvrée, en laquelle a ung bon dyament et ung ruby.

302. *Item* ung autre anneau d'or à une verge esmaillée de blanc et un bon ruby d'Orient.

303. *Item* ung autre anneau d'or à une verge plainne à ung bon ruby d'Orient.

304. *Item* ung autre annel d'or à ung petit ruby d'Orient.

---

1. Sorte de petite broche ou agrafe.
2. Ici verge veut dire le cercle de la bague distinct du châton.

305. *Item* ung autre annel à une verge plate, toute plainne, à ung dyament assis à quatre lozanges dehors.

306. *Item* ung autre annel d'or à une verge esmaillée à ung gros dyament quarré.

307. *Item* ung autre annel d'or à une plus menue verge esmaillée, comme l'autre dessus dite, et à ung meindre dyament quarré.

308. *Item* huit autres anneaux d'or à nuef dyamens.

309. *Item* ung autre petit annel où est ung dyament plat en ung *V*.

310. *Item* un autre petit annel plat esmaillié à *VVS* où est ung petit dyament plat.

311. *Item* ung autre annel d'or où est une pierre que l'on dit estre bonne contre le venin.

312. *Item* ung annel d'or à ung petit ruby.

313. *Item* ung grant annel d'or esmaillié à estoiles noires, et ung petit ruby.

314. *Item* ung tres gros dyament assis en ung annel d'or esmaillié de blanc et de rouge, en manière de roses vermeilles.

315. *Item* une verge ronde poinconniée, à deux dyamens petiz.

316. *Item* ung dyament en une verge debroissée [1].

317. *Item* une petite esmeraude en une verge ronde, en guise d'un cuer.

318. *Item* seize verges d'or que rondes, que esmaillées, que plates, que autres.

## MENUES CHOSES ET PIÈCES D'OR

319. Une pièce d'un chapel d'or où tiennent deux bons balaiz.

---

1. Il se peut que ce mot soit le p. p. de l'ancien verbe débrisier ou debraser — rompre ou briser.

320. *Item* une pièce d'un chapel d'or où sont quatre saffirs et ung balay ou milieu.

321. *Item* une pareille pièce d'or à quatre saffirs et ung balay ou milieu.

322. *Item* une autre pareille piece d'or à quatre saphirs et ung balay ou milieu.

323. *Item* une autre pareille piece d'or à quatre saphirs et ung balay ou milieu.

324. *Item* une rose d'or à une fleur blanche dedens et dessus ung bon saphir.

325. *Item* une pièce d'un colier d'or où sont deux coues noires, et autres rouges et blanches, et y pendt une grosse perle (*non, a domino*).

326. *Item* une violete d'or blanche de quaresmé [1] où sont six perles, et en a len osté [2] une pierre. (*A domino.*)

327. *Item* une patenostres de jayet noir, où au bout a ung boucon de perles, et quatorze grosses perles en lieu de seigneaux.

328. *Item* ung cresmeau [3] de soye blanche, ouvré de brodeure à perles, ouquel sont les quatre Envangelistes; et y sont quarante [perles] une perle plus grosse que les autres.

329. *Item* une bourse de perles à quatre gros boucons de perles, toute de brodeure de perles de la façon de pieça.

330. *Item* sur ung chaperon à dame, à cornette de veluan vermeil, sont quatre patrons de perles.

331. *Item* sur veluiau vermeil cinq autres patrons de perles de diverse façon hors euvre, et tous comptés.

---

1. Violette très pâle ?
2. ? où l'on a ôté une pierre.
3. Petit bonnet dont, après l'onction, est coiffé l'enfant baptisé. Cf. la locution anglaise [ancienne] Chrisom-Child qui signifie enfant mort tout de suite après son baptême.

## AUTRES JOYAULX D'ARGENT DOREZ

332. Ung coffre de cristal garny d'argent doré, et poinconnée dehors et dedens, ouquel a deux perles. (*Non.*)

333. *Item* ung grant coffre d'argent doré, eschecquité de jaspre et de coquilles de perles, à ung ymage enlevé en chacun coing et une bosse de saphirs en l'autre [sic]. (*Non*).

334. *Item* ung autre coffre d'argent esmailliée, tout à l'entour. (*Non.*)

335. *Item* deux ays d'argent pour unes heures dorées et esmaillées où est ung crucifiement avec cinq ymages d'argent enlevées. (*Non.*)

336. *Item* une sainture d'argent doré à boucle et à mordant, cloué au long à rosettes de perles.

337. *Item* une sainture d'argent dorée, à cloux rous sur une bysete de soye (*Id.*)

338. *Item* ung arbre de courail à cinq lengues et six dens de serpent. (*Monseigneur l'a donné à monseigneur Giles de Lengres.*)

339. *Item* unes heures antiennes du païs de ma dame venues, couvertes de cuir blanc, à trois fermouers d'argent dorez.

## PERLES ET PIERRERIE

### hors euvre et en euvre

340. Premièrement ung petit balay.

341. *Item* une hoppelande de velu cramoisy, fourrée d'armines, ouvrées les manches et le colet de perles, en laquelles sont IIᵉ VII meures [1], garnies chacune de six perles; valent douze cens quarante deux perles.

342. *Item* une hoppelande de veluz non fourrée d'armines, ouvrées les manches et le colet de perles, en laquelle sont trois cens quarante huit meures, chacune

1. Mûre ?

garnie de six perles; valent deux mil quatrevins huit perles.

343. *Item* autres perles de compte bien pies suivans celles des susdictes robes; pesans ensemble, sans le sac, six onces moins deux estellins.

344. *Item* autres perles plus menues pesans, sans le sac, trois marcs une once quatre estellins.

345. *Item* trois troches de douze perles et quatre dyamens, et une perle.

346. *Item* soixante cinq perles, et une grosse longuete.

347. *Item* huit sortes de perles en VIII trochez, tous en une piece de toile, des perles assises sur IIII garnemens, pour savoir [à] sortir les pois des perles qui sont es diz garnemens.

348. *Item* quatre grosse perles.

349. *Item* une taye d'un cussin de satin blanc à quatre boutons de perles.

350. *Item* ung oreiller de satin blanc, à quatre boutons de perles, et deux *V V S* faiz de perles et de brodeure.

350. *Item* ung autre pareil à quatre boutons de perles, à deux *V V S,* brodez de menues perles.

352. *Item* deux oreillers de satin blanc, à *V V S* brodez en façon de ronce, et chacun quatre boutons semez de perles.

353. *Item* ung *V* hors euvre, ouvré de perles.

354. *Item* ung estuy d'yviere fait à ymages.

355. *Item* le manteau à parer d'une robe à quatre garnemens [1], fais de veluan en grainne brodé de perles, à ronces et à *V S.*

1. Ce mot s'entend généralement des pièces d'un habillement, ainsi, une robe à quatre garnemens veut dire un habillement de quatre pièces.

356. Une chappe de mesmes ouvrée de perles et brodée comme le dit manteau, laquelle est en deux pièces, et le chaperon d'icelle chappe.

357. Ung surcot ouvert en deux pièces ouvré de perles, et brodé comme ladite chappe.

358. Une cote simple du mesmes, ouvrée de perles, et brodé comme dessus, garnie de manches pareillement ouvrées.

359. *Item* quatre vins seze perles, que grosses que menues.

360. *Item* six vins cinq perles, que grosses que menues.

361. *Item* cinq cens quatre vins cinq perles, toutes assez grosses.

362. *Item* quatre saffirs longs, perciéz, et ung petit saffir hors euvre.

363. *Item* cinq grans esmeraudes, et une pièce d'une autre hors euvre.

364. *Item* quatorze balaiz, dont XII sont perciez et hors euvre, et deux enchatonnez, et ung petit balceau [1] hors euvre.

## AUTRES JOYAULX

*de feu madame d'Orléans, non apportez par elle de Lombardie, inventoriez par les dessus Dix et retenuz de madicte dame d'Anneville, ou lieu et ès jours dessus diz.*

## TABLEAUX D'OR

365. Ung tableau d'or, du baptisement que Saint Jehan feist à Nostre Seigneur, ou quel sont cinq saphirs et cinq balaiz et vint perles.

---

1. Ballesseau ou petit balais.

366. Ung tableau à mettre reliques de la mémoire de la Passion Nostre Seigneur, où sont esmaillez les XII Apostres, et dedens sont huit grosses perles, troys balaiz et trozs saphirs. *(Non. a domino.)*

367. Ung tableau d'or, où il a dedens une Sainte Katheline tenans une palme en sa main, où il a six dyamens plaz petiz, la moitié d'une roe sur laquelle a trois Katherine tenans une palme en sa main, où il a six dyamens plaz, ung balay et ung saphir; et en la poitrine a ung fermail de six bonnes perles et ung petit ruby ou milieu, a une couronne d'or en sa teste où il a quatorze perles, deux petiz dyamens et ung saphir, et à l'entour du tableau vint quatre perles et douze balaiz. *(Délivré à messire Jacques de Nouvian et Primeu de Besoux par ordonnance et quictance de monseigneur et de son conseil, le* XX^e^ *jour d'aout mil* IIII^c^ IX, *pour porter à nostre Saint Père.*)

368. Ung autre tableau d'or à ung ymage de Sainte Kattreline, à huit balaiz et huit perles à l'environ, et en la main une palme, a une petite perle au bout dessoulz la palme; et au doz du tableau Saint Jehan Envangeliste poinconné.

369. Ung petit tableau d'yviere, paré dehors et dedens d'or, fait au Crucifiement Nostre Seigneur ès deux tables, et pendens à une petite chayenne d'or.

370. Ung tableau ront que madicte dame tenoit à son chavez [1], a une croix vermeille ou milieu, lequel est d'argent doré.

## AUTRES JOYAULX ET FERMAULX D'OR

371. Ung ymage de la Trinité, assise sur une tarrache en ung parc, environné de petites perles, et au

1 Chevet.

dolz de ladicte Trinité une Annunciacion esmaillée; laquelle ymage a à l'Annunciacion trente huit perles, trois saphirs et deux balaiz, et an pié de la tarrache, deux violetes blanches et deux rouges, en chacune des rouges cinq perles petites, et des blanches six.

372. Ung miroer d'or, sans glace, à onze troches de perles et onze petiz balaiz.

373. Une petite salière d'or, par dedens de coquilles dessus et dessoulz, qui a une bonne perle, et à l'entour six mozennes.

374. Une platine à estude d'yvoire, couvers la platine et le long du manche d'or, l'antivent [1] de ladicte platine d'or, poinconnée à l'environ à saintures d'Esperance [2].

375. Ung fermail d'or à trois balaiz, trois perles assez bonnes, ung saphir ou milieu.

376. Ung fermail d'or à une fleur blanche à ung ruby en my, et six perles assez grosses à l'environ.

377. Ung fermail d'or à cinq grosses perles et ung balay à l'environ, et ung saphir au milieu.

## AUTRES JOYAULX

*et diverses choses d'or et d'argent, de feux monseigneur d'Orléans et madame d'Orléans, inventoriez et retenuz comme dessus.*

378. Une croix d'or à quatre perles, deux saphirs et deux balaiz.

379. Une croix à quatre mauvaises perles, quatre esmeraudes, et quatre autres pierres blanches.

380. Ung petit fermeillet d'or, à une fleur blanche à cinq perles, et ung petit balay ou milieu. (*Non.*)

---

1. ? Antifone. Par extension contre-partie.
2. Emblème du duc de Bourbon.

381. Ung petit fermeillet d'or en maniere d'un parc, ouquel sont assises deux bisches, une grant et une petite, en ung champ vert.

382. Ung soleil d'or, à une tourterelle blanche, et ung rolet d'or escript : *a bon droit*. (*Non.*)

383. Unes patenostres d'or ouvrées à ouvrage de Dammas, où il a deux dozainnes de perles. (*Non.*)

384. Unes patenostres d'or, fectes à l'euvre de Dammas, à quatre grosses perles, et ung boucon au bout de menues perles. (*Non.*)

385. Ung pié et ung couvescle d'un gobellet de terre d'Outremer [1], d'argent doré.

386. Ung reliquaire ront de cristal, ouvré d'argent doré dessus et dessoulz et en my lieu ; ouquel reliquaire est une coste de Saint Denis ou de Saint Loys. (*Non.*)

387. Ung estrelabe ou cadrent d'argent.

388. Unes patenostres d'or à six boucons ouvrez d'esmail, en ung laz vermeil, et un boucon de perles au bout.

389. Une petite bourse de menues perles à petites papillottes d'or pendens, et à troiz boucons d'or et de vert. (*Non.*)

390. Ung chapiterne d'argent doré, et le pié avec, d'une piece d'ambre. (*Non.*)

391. Une pièce de licorne à faire assay [2], à ung bout d'argent (*Non.*)

392. Ung manche de cristal à une virole [3] d'argent

---

1. En général le terme d'outremer était appliqué à tout ce qui venait de l'Orient, ou plus particulièrement du Levant.

2. Au moyen âge, l'usage de la licorne comme moyen indicateur de la présence du poison dans les boissons et dans les mets, fut général. De là, la superstition que l'eau dans laquelle on avait trempé la licorne, acquerait la vertu de contre-poison.

3. Petit cercle de métal qu'on met au bout d'un manche d'une canne, etc., pour la maintenir.

doré, quatre batonnez[1] ; trois dargent dorez et ung de cristal.

393. Ung reliquaire d'argent doré, ouvré à la façon de Dammas, en my lieu ung angel tenant un os d'un saint.

394. Ung petit tableau d'argent, à une Annunciacion et petiz angelz par dessus, couvertes lesdictes ymages de voirre[2], et poinconnez d'autre costé.

395. Une croix de Rodes donnée à feu monseigneur par madame de Maucouvent.

396. Nuef verges d'argent esmaillées et auutres.

397. Ung delyé[3] laz de soye à ung boncon de soye au bout.

398. Ung den de leu[4].

399. Deux clox d'argent doré, et autres menues pleces d'argent doré.

400. Plusieurs autres fraytins[5] d'or et d'argent mis en une petite pièce de toile.

401. Unes grosses patenostres damacisées et de jaspre, esquelles a ung gros boucon de perles. (*Monseigneur de Gaules ce jour mesmes les bailla a monseigneur.*)

402. Une cagete d'or a mettre oyselez de Chypre, et une autre cagette d'argent dorée à mettre oiselez de Chypre, reposés en deux estuiz.

403. Ung bourrelet[6] de plume violet.

---

1. Petit bâton destiné à accoupler deux chiens, en les séparant l'un de l'autre d'une certaine distance.
2. Verre.
3. Fin.
4. Dent de loup.
5. Fretin, du bas latin freto, fretonus, petite monnaie, le quart d'un denier. Cf. le mot anglais farthing, de l'anglo-sax. feortha, quatre. Par extension ce mot veut dire objet de petite valeur.
6. Ornement porté en haut du heaume.

404. Troys escharpes d'argent sur cuir, toutes d'une façon, où pendent plusieurs dandins [1] tortissez. *(Non.)*

405. Trois chayennes d'argent longues où pendent plusieurs dandins tortissez. (*Le* xxv^e^ *jour de janvier IIII C et huit, a en aquis de monseigneur d'Angolesme* [2] *la moindre chayenne d'argent pour mondit seigneur d'Angoulesme.*)

406. Trois cercles [3] d'argent blanc sans tissu, où pendent plusieurs sonnetes d'argent. (*Monseigneur d'Orléans donna,* le xxiii^e^ *jour de janvier l'an IIII c et huit, a Loys de Braquemont et à Jehan de Touleville, deux des dis cercles, et le* xxv^e^ *jour ensuivant, pour monseigneur d'Angoulesme ; Agnez a eu l'autre pour donner, comme elle dit, à Jehan de Saneuzes, son escuier.*)

407. Trois saintures d'argent sur tissuz noirs où pendent plusieurs dandins. (*Le* xxv^e^ *jour de janvier, à Agnez a esté baillée l'une desdites saintures, laquelle elle dit que monseigneur d'Angoulesme a voulu avoir pour donner audit Saneuzes.*)

408. Unes longues patenostres de gest [4] où pendt ung petit cornet d'argent. (*Non.*)

409. Une petite coupe de madre, à couvescle, où il a ung petit fretelet ront esmaillié des armes de France, avecques ung pié d'argent doré de plainne façon pour ladite coupe.

410. Ung petit pot de cristal garny d'argent doré, hachié dessoulz et dessus, ouquel a ung petit fretelet bleu.

---

1. Clochettes.
2. Voir p. 140, note 1.
3. Ici, cercle veut dire ceinture en forme de cercle.
4. Jais

411. Ung loirre à ung guichet de satin asuré semé de menues perles, lequel est garny d'argent doré.

412. Ung cornet de mesmes ledis loirre garny d'argent doré, dont le pendent est couvert de satin asuré semé de menues perles.

413. Ung pot fait par manière d'une pinte, lequel est d'une pierre blanche, et garny d'argent doré à ung petit esmail d'un oeil sur le couvescle.

414. Ung petit gobelet couvert de semblable pierre garni d'argent doré les bors et souages [1], et a ung petit esmail semblable que ledit pot.

415. Ung petit creusequin de fin madre, à ung petit souage d'argent doré, et a le fretelet d'un glan, et par dessoulz a ung levrier esmaillié d'azur.

416. Une clochette d'argent alayé [2] de métail.

417. Ung petit hanap de madre en façon de creusequin, garni d'argent doré, esmaillié d'un liz, et à une ance d'argent dorée.

418. Deux souages rons d'argent dorez, assis chacun sur trois piez, à mettre sel sur table.

## AUTRES JOYAULX

*qui furent à feu Loys, monseigneur.*

419. Ung colier d'or, esmaillié de blanc, en manière d'un anis, a une coue pendent, deux dyamens dedens et une perle au milieu. *(Non. à monseigneur.)*

420. Ung autre petit colier tout rondt, esmaillié de coses blanches, à l'entour a deux petites cosus pendeus, l'une verde et l'autre blanche.

421. Ung fermail d'or à trois dyamens, trois perles, et ung balay ou milieu.

---

1. Sorte de monture, on boudin enroulé autour du pied des pièces d'orfèvrerie. Par extension, le mot souage peut signifier une salière. Voir plus loin N° 418.

2. Allié

422. Ung petit fermail à cinq dyamens, quatre entour et ung grosset ou milieu.

423. Ung petit fermail à ung balay, ung saphir, une biche, deux perles.

424. Une petite dague d'or à cinq perles, et ung petit balay sur la croix.

425. Une petite tache[1] d'or à ung balai enmy, et deux petites perles.

426. Ung petit oysellet de menues perles.

427. Ung vireton[2] d'or à ung dyment au bout.

428. Ung flascon d'or à ung balay en milieu, et une petite perle sur le toupon[3] pendent ; et à ung petit tissu de noir, garny de boucle et de mordent.

429. Ung tres petit hanap d'or, et ung tres petit gobelet d'or à deux petites perles sur les couvescles.

430. Ung petit glant d'or, à ung Crucifiement d'un costé et de l'autre l'Annunciacion. (*Non.*)

431. Ung tres petit flascon d'argent, en my lieu ung saphir de voirre.

432. Ung anneau de saphir fait d'argent dedens.

## AUTRES JOYAULX

*qui au vivant de feue madicte dame estoient à monseigneur d'Orléans, inventoriez et receuz de madicte dame d'Anneville. (Non. ad domino.)*

433. Un fermail d'or à trois dyamens, trois perles et un ruby.

434. Ung fermail d'or à six perles, ung balay enmy et ung dyament de costé.

---

1. Agrafe ou boucle.
2. Un vireton est une flèche armée d'un fer conique, assez court et canneté en hélice qui la faisait tournoyer dans l'air
3. Couvercle.

435. Ung fermail d'or à trois saphirs, trois perles, et ung balay ou milieu.

436. Ung fermail d'or à trois balaiz, trois perles, ung saphir ou milieu et la cosse au bout.

437. Un fermail d'or à cinq perles, ung balay de costé et ung saphir ou milieu.

438. Ung fermail d'or à six perles, ung balay de costé et ung saphir ou milieu.

439. Ung fermail à six perles, et ung saphir ou milieu.

440. Ung fermail à huit perles ung balay et ung saphir.

441. Ung fermail d'or à cinq perles et ung balay, et ung balay ou milieu, et une perle perdue.

442. Ung fermail d'or de trois perles et quatre balaiz.

443. Ung fermail de six perles, et ung balay ou milieu.

444. Ung fermail de cinq perles et ung balay ou milieu.

445. Ung fermail de deux balais et cinq perles.

446. Ung fermail à trois perles, trois dyamens, et ung balay.

447. Ung fermail à trois perles, et ung balay ou milieu.

448. Ung fermail à ung croissant, trois perles, ung dyament, et un balay ou milieu.

449. Ung tres petit fermeillet de trois petiz balaiz, trois petites perles, et ung petit saffir ou milieu.

450. Ung baston à manière de fermail, sur lequel est assis ung gerfault, deux balaiz et deux perles pendens.

451. Une espée et une taloche[1] d'or, le pomel d'un balay, et la taloche environnée de huit perles, et ung dyament en la boce de ladicte taloche.

452. Une petite dague, le pomel d'une perle, et le bout d'une autre, et à la gainne neuf petites perles pendens, et ung balay ou milieu.

453. Ung petit tableau d'or à une Magdalene, et seize perles petites entour.

454. Ung tres petit tableau à Saint Christofle d'un costé, et de l'autre une Veronicle[2], à trois perles.

455. Ung petit barillet de cristal lié d'or à quatres petites perles, où il y fault ung des fons.

456. Ung très petit escrivelet d'or.

457. Ung petit brasselet d'or.

458. Ung tigre d'or.

459. Ung chat huant d'or.

460. Ung cor d'or esmaillié de noir à une petite chayenne d'or, trois balaiz, ung saphir et nuef perles.

461. Ung autre cornet d'or esmaillié de vert, à pendent d'or ou cornet, troys perles et ung petit balay.

462. Ung colier d'or esmaillié de blanc, une cosse pendent, enmy laquelle a une perle et deux dyamens

463. Ung dyament assis en ung annel vert, blanc et vermeil.

464. Nuef verges d'or, que unes que autres.

465. Ung petit cadrent d'argent et une petite poire d'argent.

466. Ung petit coffre d'escorche de perles.

467. Ung brasselet d'argent, à une chayenne d'argent, au bout de laquelle pendt ung annel d'or, ouquel est ung dyament naif.

---

1. Petit bouclier ou targe.
2. L'image du Christ empreinte sur le Saint-Suaire.

## AUTRES JOYAULX

*de monseigneur de Vertus, receuz de madicte dame d'Anneville.*

468. Ung fermail d'or à cinq perles, ung dyament de costé et ung balay ou milieu. (*Non. ad domini pro toto capitulo.*)

469. Ung fermail d'or à cinq perles, ung dyament costé et uug balay ou milieu.

470. Ung fermail d'or à cinq perles, ung dyament de costé et ung balay ou milieu.

471. Ung fermail d'or à six perles de costé et ung balay ou milieu.

472. Ung fermail d'or à six perles de costé et ung saffir ou milieu.

473. Un fermail d'or à cinq perles, ung saphir de costé et ung balay ou milieu.

474. Ung fermail d'or à cinq perles et ung balay en my.

475. Ung fermail d'or à cinq perles, ung dyament de costé et ung balay en my.

476. Ung fermail d'or à cinq perles, ung dyament de costé et ung balay enmy.

477. Ung fermail d'or à cinq perles, ung dyament de costé et ung balay enmy.

478. Un fermail d'or à ung croissant, trois perles entour ung dyament et ung balay enmy.

479. Un fermail d'or à six perles, ung balay et ung saffir ou milieu.

480. Ung fermail d'or à cinq perles, ung saphir de costé et un balay ou milieu.

481. Ung fermail d'or à quatre perles, ung balay enmy, et y fault une pierre en la fleur.

482. Ung fermail d'or à huit perles, ung balay ou milieu.

483. Ung fermail à six perles et ung balay.

484. Ung fermail à quatre petites perles, trois petiz saffir, et ung petit enmy.

485. Une dague d'or, garnie la dague et la gainne de dix perles et ung petit balay ou my de la taloche.

486. Ung petit brassellet d'or, ung petit tablet d'or à une Nostre Dame d'un costé et de l'autre la Veronicle.

487. Une petite chayenne d'or.

488. Ung tigre d'or posant sur ung baston vert.

489. Ung dyament en ung annel esmaillié de vert de rouge et de blanc.

490. Seize verges d'or, que unes que autres, et ung petit balay en ung annelet.

491. Ung brasselet d'argent, ung chesne d'argent, ung annelet au bout, et ung dyament que n'est point fait.

492. Une poire d'argent.

493. Une daguete d'yoire garnie d'argent.

494. Une martre.

## DRAPS D'OR ET DE SOYE

*inventoriez par les dessus diz commis et receuz de madicte dame d'Anneville.*

495. Une pièce de baudequin asuré, ouvre à lyons, à couronnes brochées d'or et roses vermeilles de soye, trois aulnes et demie; prisié XL fr.

496. Ung baudequin vermeil, brochié d'or à lyons et espreviers et menuz autres feuillages de soye, trois aulnes et demie; prisié XXXVIII fr.

497. Ung baudequin asuré, brochié d'or à ung lyon d'or sur ung trochon[1] de branche fait d'or, de trois aulnes et demie; prisié XLV fr.

498. Ung drap d'or vermeil, teissu d'or à escureulz et connelez[2] d'or et feuillage, tenans deux aulnes ung quartier de Paris.

499. Une pièce de satin vermeil, brochié d'or à ung cerf d'or dedens ung parc apuyé à ung arbre d'or, trois aulnes et demie; prisié XL fr.

500. Ung baudequin a champ pers, et broché d'or, ouvré à gerfaulx, deux tenans ensemble, et ung autre en ung soleil, trois aulnes et demie; prisié XL fr.

501. Ung baudequin pers, brochié d'or à ung lyon et ung baston d'or, de trois aulnes et demie; prisié XL fr.

502. Ung veluau vermeil, figuré, fait à chapelez blans et vers, tenans six aulnes et ung quartier, et n'est pas pièce entière.

503. Ung veluau tissu d'or, chevronné et ouvré de treffes d'or et vermeilles, et n'est pas pièce entière mais seulement cinq aulnes et ung quartier.

504. Ung drap d'or vermeil, ouvré à chardons et petiz menuz autres ouvrages d'or, pièce entière contenans trois aulnes et demie; prisié IIII$^{xx}$ fr.

505. Ung veluau blanc, chevronné d'or à violetes d'or et vermeilles, contenans trois aulnes et demy quartiez.

506. Ung drap de soye vermeille brochié d'or à

1. Tronchet.

2. Petits lapins. Cf. le mot anglais coney. Une partie du Benchers Garden de Lincoln's Inn à Londres était autrefois la garenne des évêques de Chichester et au commencement du xv$^{e}$ siècle s'appelait coneygarth.

petites plumes, ensemble contenans cinq aulnes et demie.

507. Une pièce de camocas[1] pers, large, contenans cinq aulnes.

508. Ung veluan noir brochié, en manière de camail, tenant environ une aulne.

509. Une pièce de satin bleu; prisié X fr.

510. Une pareille pièce de satin bleu; prisié ung fr.

511. Une pièce de satin non entière, non prisée.

512. Une pièce de satin non contenans deux aulnes trois quartiers.

513. Deux pièces d'une robe de veluau chevronnée d'or et de noir, à violettes vermeilles d'or.

514. Une longue pièce asuré estroite, d'un espace de large et de long deux aulnes trois quartiers et demy.

515. Ung satin vert figuré.

516. Une autre de veluau vert.

517. La moitié d'un corset de drap d'or, en champ azur, dont l'autre moitié à esté donnée par feue madame à Nostre Dame de l'église de Chasteau Thierry.

518. Ung corset de veluau cramoisy nuef, qui oncques ne fu achevé, et lequel madicte dame a donné à Saint Calays de Blois, pour faire une chasuble.

519. Ung chaperon de veluau à long poil et deux autres de drap de soye vermeil cramoisy.

520. Quatorze moitez d'escureaux, faiz aux armes de monseigneur de Milan, en champ d'argent.

521. Une sainture sur ung tissu noir à boucle ronde d'or, faicte à *V S*, esmailliez de rouge cler: et y a six clox d'or et un mordent.

522. Une autre sainture d'or sur ung tissu noir, a cinq besans rons, boucle ronde et ung mordent.

1. Etoffe de soie, se rapprochant du satin.

523. Une sainture à ung tissu noir, a boucle d'or tressée, cinq besans rons et ung mordent.

524. Une robe d'ung vert autre, doublée de cendal vert, a ung chardon prenant sur la manche, et venant tout entour le col, a bacton du chardon brodé sans perles, et les feulles et chardons à perles.

525. Une robe d'escarlates vermeille, doubles de cendal vermeil, toute brodée à fleurs de bourrages et à boucles, et fu ouvré de perles.

526. Une robe d'escarlate rousée, doublée d'un cendal rouge, brodée toute à rateaux et semée de fleurs de *ne m'oubliez mie*, sans perles.

527. Une robe de vert, doublée de cendal vert, brodée toute à dyamens, et à espiz sans perles.

## AUTRES JOYAULX D'OR ET D'ARGENT

*receuz de madicte dame d'Anneville, et inventoriez par l'abbé de Chesy, Mauvoisin et maistre Pierre Sauvage, le* XXIIJ$^{e}$ *jour de décembre, l'an mil IIII c et huit.*

528. Premièrement, une grant nef d'or à plusieurs personnages garnie en tout de deux cens soixante quatre perles, et trente ung balaiz. (*Portée à Paris pour vendre.*)

529. Une grant croix d'argent dorée, dont le crucifix est d'or, les chiefs, mains et dyademes de Nostre Dame et de Saint Jehan d'or, Dieu le Père d'or, les corps des quatre anges d'or, et non les esles, le tableau d'or; en laquelle croix a dix neuf saffirs, deux balaiz, et quatre grosses perles. Le pié de ladicte croix a ung sépulcre de cristal, ou quel est ung crucefix d'or, et garny ledit sepulcre de vint quatre perles, de six saffirs et quatre balaiz; et ledit pié d'argent doré à trois ymages dormans.

530. Ung joyau d'or de la sepulture Nostre Seigneur et de son crucifiement, dessus garny en tous de vint neuf saffirs, dix sept esmeraudes, quatre dyamens, trente ung balaiz, cent soixante perles, grosses et menues. (*Porté à Paris pour vendre.*)

531. Ung Saint George, assis sur ung entablement d'argent doré, garny entours de cinquante six perles, grosses et menues, quatre saffirs, ung gros balay en la targe, et de quinze autres petiz balaiz en son escharpe. (*Porté à Paris pour vendre.*)

532. Une sallière d'or assise dessus ung oliphant [1] esmaillié de blanc, garnie en la manière qui sensuit; c'est assavoir le fretelet d'ung saffir, deux balaiz seize perles, la nef de ladicte salière de vint six esmeraudes, cinquante deux troches, chacune de trois perles, et les deux bouz de la dicte nef chacun garny de quatre balaiz, et huit perles, et au dedens sur la couronne de la salière, une grosse perle.

533. Une navete [2] de cristal assise sur une terrasse esmaillée de vert, sur ung pié d'or environné d'une haye, laquelle navète est bordée, et à couvescle d'or, et ès deux chasteaulx des deux bouz sont en l'un une damoiselle esmaillée de blanc qui tient ung mirouer garny d'un balay, et en l'autre ung tigre, sur une terrasse esmaillée de vert, les diz chasteaulx garniz de cinq perles, deux saffirs, deux balaiz, et le couvecle à ung liz par manière de fretelet garniz de six perles, et ung saffir; et est la bordeure garnie de douze perles, six balaiz et six saffirs, et sur les piez de ladicte haye sont assises quarante trois perles, et pendens à ung desdiz chasteaulx une espreuve à faire assay.

1. Eléphant.
2. Petite nef.

534. Ung hanap de cristal couvert et à pié d'or, garny ou fretelet de six perles, ung saffir dedens ung liz.

535. Ung hanap et une aiguière à ymages à apostres eslevez, garny ledit hanap de onze saffirs, dix balaiz, huit troches de perles ; et y est le fretelet garny autour de dix autres perles, et la dicte aiguière garnie de neuf saffirs, huit balaiz et seize troches de perles ; et le fretelet de ladicte aiguière garny de dix perles.

536. Ung hanap et une aiguière d'or en fasson de Venise, garnies les deux pièces de vint deux grosses perles, sept saffirs et cinq balaiz.

537. Ung hanap et une aiguière d'or à ymages de haulte taille, garniz entout de quarante huit perles, vint troys balaiz, et vint trois saffirs.

538. Ung hanap d'or couvert esmaillié à apostres, garni entout de quatre vins quatorze perles, huit saffirs, sept balaiz.

539. Deux bacins d'or à quatorze esmaulx de plistre dedens ung estuy. (*Portés à Paris pour vendre.*)

540. Ung hanap et une aiguière d'or fermées, de fleurs blanches et rouges poinconnez, garniz de quatre vins huit perles, quinze saffirs et dix balaiz. (*Portés à Paris pour vendre.*)

541. Une douzaine de plaz d'argent couvers de platines d'or, dont il en y a six plus grands que les autres, et deux douzaines d'escuelles d'argent couvertes semblablement de platines d'or.

542. Trois chandelles d'argent dorez, deux à doille [1] double, et ung à sangle [2] doille, ung encrier d'argent doré.

---

1. Tonneau.
2. Simple.

543. Ung grant tableau d'or du Crucifiement Nostre Seigneur à plusieurs personnages, garny de sept vins perles, grosses et menues, d'un petit balay, trois dyamens et deux camahieux. (*Portés à Paris pour vendre.*)

544. Ung autre tableau d'or d'un ymage de Nostre Dame tenant son enfent garny entour de cinq balaiz, six saffirs, douze grosses perles.

545. Ung autre tableau d'or d'un ymage de Nostre Dame, taillié et esmaillié au plat, garny de quatre balaiz, trozs dyamens, vint deux perles petites et deux grosses. (*Le premier jour de septembre an IIII* $^{c}$ *et neuf mondit seigneur donna ledit tableau a madame Duboye au baptisement de la fille de monseigneur*[1] *et elle le tint sur fons.*)

546. Ung autre tableau d'or d'une Annunciacion de Nostre Dame d'enleveure, garni de vint huit grosses perles, sept balaiz et sept saffirs, et ya ung fermail d'or à quoy ledit tableau pendt où il a cinq perles et ung balay. (*Porter à Paris pour vendre.*)

547. Ung petit tableau d'or de l'Annunciacion Nostre Dame, garny entout de quarante deux grosses perles, cinq balaiz et six saffirs. (*Porter à Paris pour vendre.*)

548. Ung ymage d'or d'ung Saint Andry sur ung entablement d'argent doré garny d'un saintuair[2], et ledit Saint Andry ung saffir en la poitrine, en la dyademe treize perles, ou saintuair quatorze grosses perles et huit balaiz et ung balay hors euvre en ung chaton.

549. Ung grant tableau d'or d'un ymage de Sainte

1. Jeanne, fille unique de Charles duc d'Orléans et de sa première femme Isabel fille du roi Charles VI, et veuve de Richard II d'Angleterre. Jeanne épouse Jean II duc d'Alençon et mourut sans postérité en 1432.

2. Ceinture.

Katherine, garny de quatre vins une perles, sept balais, six saffirs, deux camahieux et ung grant en la couronne. (*Porter à Paris pour vendre.*)

550. Ung autre tableau d'or d'une Trinité, garny de onze balais et trente neuf perles. (*Porter à Paris pour vendre.*)

551. Ung ymage d'une Sainte Marguerite sur ung serpent, sur ung entablement d'argent doré, tenant une croix sur ses deux mains, garnie ladicte croix et le dyademe dudit ymage de cinq saffirs, six balaiz, treize perles. (*Porter à Paris pour vendre.*)

552. Ung tableau d'or rondt d'ung ymage de Nostre Dame tenant son enfant, et son couronnement dessus, garny en tout de vint une perles grosses et menues, et sept balais.

553. Une paix d'or à une fleur de liz, ung crucifix dessus, garnie entour de trente six perles, six saffirs et six balaiz.

554. Ung ymage d'or de Saint Michel tenant en sa main une espée, dont le pommeau est ung balay et une petite perle au bout, et sur le chief dudit ymage, une croisète garnie d'un balay, et onze petites perles, et tient en l'autre main ung escu garny de cinq balais et dix grosses perles, et est l'entablement sur quoy ledit ymage est assis, garny de trois balais, deux saffirs et seize perles.

555. Ung autre ymage d'or de Saint Jehan Envangeliste, qui tient en sa main ung reliquaire d'or ouquel a une boiste de cristal, garnie de trois balaiz, six saffirs et neuf perles; et au dessus dudit reliquaire à une palme, garnie de trois balais quatre saffirs, neuf perles; et en la main senestre tient ung calice ou quel a serpens esmailliez, et une perle ou milieu; et a ung dyademe garny de neuf perles, et y fault ung balay ou milieu;

et siet sur ung entablement d'argent doré, esmaillié des armes de monseigneur d'Orléans.

556. Deux flacons d'or en façon de coquilles de Saint Jacques, à une ance chacun, chacune ance tenue au col de deux serpens volans, couronne chacun flascon au dessus d'une couronne que tiennent deux ymages, mis et assis chacun ymage sur ung oreiller esmaillié de blanc; et a en la pense de chacun des deux flacons, d'une part ung ymage Saint Jacques d'enleveure tenant son bourdon, assis sur une roche argentée; et ung autre brossoné [1] de costé, garny aux brossons de petiz balais; et de l'autre part ung Charlemagne enlevé, assis sur une terasse de vert esmaillié, a ung Saint Jaques, issant d'une nue, ung roleau ou est escript d'esmailleure: *Charles va delivrer Espaigne;* garniz lesdiz deux flascons esdictes couronnes l'une de six saffirs et quatre balais, et l'autre de six saffirs, six balais; et garniz aussi chacun, tant en couronnes comme autre part, de soixante petites perles, ecepté que en la couronne de l'un fault une troche de troys perles et en ung des oreillers de l'autre, une perle. (*Porter à Paris pour vendre.*)

557. Deux grans bassins d'or goderonnez à seze goderons qui sont d'ymagerie, et sont les fons desdiz bacins d'ymages eslevez, c'est assavoir l'ung du Baptisement Nostre Seigneur, l'autre du Jeudy Absolut [2]; garny les bors de chacun desdiz bacins de quatre balais, quatre saffirs, et huit troches chacune de trois perles.

## MENU LINGE,

*et autres choses baillié et vendu aux susdiz commis, par madicte dame d'Anneville.*

558. Une pièce de velu d'un costé et d'autre.

---

1. Garni de touffes.
2. Jeudi Saint.

559. Une pièce de queuvrechiefs de Lombardie.

560. Nuef chemises de Lombardie.

561. Deux orleures[1] à oreilles de Lombardie.

562. Troyes queuvrechiefs de Lombardie non brodez.

563. Sept queuvrechiefs brodez de Lombardie. (*Bailliz à madame de l'ordonnance de monseigneur et lui présent, le derrenier jour de février* IIII c *et huit.*)

564. Quatre chemises de Chartres.

565. Cinq flocars de fil.

566. Une pièce de toille. (*Baillée à madame de Lalande pour faire faire des petiz draps de pié pour monseigneur, le derrenier jour de février* IIII c *et huit.*)

567. Dix neuf mouchouers.

568. La bersce[2] du Bausme.

569. *Item* en or, monnoye, deux mil nuef cens et ung escus.

## AUTRE INVENTAIRE

*fait par les dessus diz commis de certain linge et entres choses que Jehanette de Saint Lubin avoit en garde par eulx retenues d'elle le* XXVIe *jour de décembre l'an dessus dit.*

570. Premièrement une pièce de napes de lin, contenant XXVIII aulnes de l'ouvrage de Paris, de deux aulnes et demie de large.

571. *Item* deux autres napes de lin de pareil ouvrage contenant chacune nape XII aulnes et deux aulnes de lé.

572. *Item* deux pièces de napes de lin, que monsei-

1. Bordures.
2. Brisée

gneur de Fère[1] donna, contenant XVIII aulnes et de deux aulnes de large.

573. *Item* une pièce de touailles[2] de lin de pareil ouvrage des grans napes, et qui fut achetée avec ladicte pièce de napes qui contiennent XXVIII aulnes; lesquelles touailles ont demie aulne de pareil de large et contiennent ensemble XLII aulnes de Paris de long.

574. *Item* XVI napes de lin pareilles toutes d'ung ouvrage.

575. *Item* une autre nape de lin que madame la prieure de Poissy donna.

576. *Item* deux autres grosses napes de lin.

577. *Item* XVI serviètes de lin en une pièce.

578. *Item* XVI autres serviètes de lin en une pièce.

579. *Item* XVI autres serviètes de lin en une pièce.

580. *Item* une autre pièce de touailles de lin sans lisceaulx[3], contenant XII aulnes de l'ouvrage de Dammas.

581. *Item* une autre pièce de touailles de lin de l'ouvrage de Paris, sans lisceaulx, contenant environ XI aulnes.

582. *Item* quatre doubliers, ou touailles de lin de l'ouvrage de Dammas, à lisceaulx noirs.

583. *Item* VII touailles à espices, de l'ouvrage de Dammas.

584. *Item* cinq douzaines de serviètes de lin, que grosses que deliée, VI serviètes moins.

---

1. Il s'agit probablement de Gaucher de Châtillon, seigneur de Fère, vicomte de Blagny, fils de Gui de Châtillon et de Marie de Lorraine. En 1394 il avait vendu au duc d'Orléans la terre de Fère. Il mourut en 1404.

2. Sorte de toile qui se vendait à la pièce et non pas à l'aune. De plus, touaille peut signifier essuie-main ou serviette. Cf. le mot anglais towel.

3. Lisière.

585. *Item* VIII touailles de lin à pennetier.

586. *Item* une autre pièce de toille de Rains, que monseigneur de Fère donna, que contenoit XXXVII aulnes dont on a osté pour faire trousses[1] à madame IX aulnes; demeure XXVIII aulnes.

587. *Item* dix huit queufrechicfs de toille de Rains, qui sont de VII grant lé.

588. *Item* quatre draps de lin de six lez.

589. *Item* six draps deliez de toille de Compiengne, telle comme à faire mentelez.

590. *Item* XXIIII draps de lin de cinq lez chacun.

591. *Item* quatre cagetes d'argent dorées à mettre oiselez de Chipre.

592. *Item* ung tableau de Nostre Dame, pendent à ung crochet d'argent doré.

593. *Item* deux flocars de fil blanc à reiseillees, ouvrez de fil d'or et de soye.

594. *Item* huit tayetes d'oreillers.

595. *Item* deux pièces de toille l'une de XLV aulnes et l'autre de XLVII.

596. *Item* deux arcandorez, et une chemise d'Aragon.

597. *Item* VII aulnes de cueuvrechiefs d'Aragon en une pièce.

598. *Item* VI aulnes et demie d'autre cueuvrechiefs d'Aragon, en une pièce.

599. *Item* ung atour d'Aragon en une boiste.

600. *Item* ung mirouer où il est escript : *Vous m'avez*.

1. Trusses : Ornement de tête pour les femmes.

*Linge et autres choses que feue madicte dame avoit fait apporter de Paris, ou mois de novembre derrenier passé, amené et delivré à ladicte Jehancte par Saguet Aubry et cler de Poulain, trésorier général, inventorié par les susdiz commis et receuz par eulx d'elle le jour dessus dit.*

Premièrement napes.

601. Deux napes de l'ouvrage de Dammas, de deux aulnes de lé, et VIII aulnes de Paris de long chacune.

602. *Item* trois napes de largeur commune, tenant chacune V aulnes et demie de Paris.

603. *Item* deux autres napes, contenant chacune VI aulnes et demie aulne de Paris.

604. *Item* une nape seule tenant VI aulnes III quartiers.

605. *Item* une autre nape seule, tenant VI aulnes et demie.

606. *Item* une pièce de deux napes, contenant ensemble IX aulnes.

607. *Item* une autre pièce de III napes contenant ensemble XVI aulnes.

608. *Item* une autre pièce de IIII napes contenant XV aulnes les quatre.

609. *Item* une grant pièce de napes, sans liceaux, contenant XXXI aulnes III quartiers.

610. *Item* une autre pièce de napes contenant XII aulnes.

611. *Item* une autre pièce de napes de Reimes, sans liceaux, contenant XXXI aulnes de Paris.

612. *Item* pièce de IIII napes contenant ensemble XVII aulnes.

613. *Item* une pièce de napes contenant XI aulnes.

## TOUAILLES

614. Une pièce de toualles sans liceaux, contenant XXXVI aulnes et demie.

615. *Item* une autre pièce de VI touailles contenant ensemble XXX aulnes.

616. *Item* une autre pièce de touailles contenant XI aulnes et demie.

617. *Item* une touaille seule tenant V aulnes.

618. *Item* III touailles en III pièces, contenant chacune V aulnes et demie.

619. *Item* III autres touailles en III pièces, tenant chacune IIII aulnes et I quartier.

620. *Item* une grosse touaille tenant V aulnes et demie.

## SERVIETTES

621. VIII serviètes en VIII pièces, tenant chacune deux aulnes de lont, aulne de Paris.

622. *Item* XXIIII serviètes qui furent achetées par feu monseigneur le duc en l'an IIII$^{xx}$ XVII, qui ont servi pour luy.

623. *Item* V autres serviètes en V pièces, contenant chacune une aulne.

624. *Item* VII serviètes en une pièce, contenant ensemble IX aulnes.

625. *Item* XII serviètes de Reins en une pièce, tenant chacune une aulne.

626. *Item* une autre XII$^{ne}$ de serviètes en une pièce, tenant chacune une aulne.

627. Sont des serviètes en plusieurs pièces V XII$^{es}$ et VIII serviètes.

## TOILLES

628. Une pièce de fine toille contenant XIII aulnes et demie.

629. *Item* une autre petite pièce, plus deliée, tenant V aulnes et demie.

630. *Item* une autre pièce de toille, bien deliée, tenant XIX aulnes.

631. *Item* une autre pièce de toille rondelète[1] tenant XXXIX.

*Autre linge achaté à Rains par Jehan de Jonchery, Receveur des Aides, audit lieu en l'an mil* III c IIII xx XVIII.

632. Une pièce de nappes contenant LV aulnes de Rains, fait à Paris, XXXII aulnes a X. S. parisis l'aulne.

633. *Item* une pièce de touailles, contenant XLIIII aulnes de Rains, V. S. l'aulne.

634. *Item* une autre pièce de nappes contenant LVII aulnes de Rains.

635. *Item* une pièce de touailles contenant XLII aulnes de Rains, VII S. l'aulne.

636. *Item* une pièce de napes contenant LIX aulnes de Rains, XLIII S. l'aune.

637. *Item* une pièce de touailles de XL aulnes de Rains, au prix de IX S. pour l'aune.

638. *Item* une pièce de nappes de LV aulnes de Rains, XX S. l'aune.

639. *Item* une pièce de touailles contenant LX aulnes de Rains, X. S. l'aulne.

640. *Item* une pièce de nappes contenant LIIII aulnes de Rains, XXII. S. l'aulne.

---

1. Voir Inventaire II, n° 698.

641. *Item* une pièce de touailles contenant LX aulnes de Rains, XI. s. l'aulne.

642. *Item* une pièce de touailles contenant XLII aulnes de Rains, acheté par feu monseigneur, XXXI écus.

643. *Item* deux XII^nes de serviètes en deux pièces achetées semblablement, XI écus, dont l'une XII^ne est très deliée.

644. *Item* XLVIII aulnes de touailles aulne de Paris, en IIII XII^nes de serviètes, XXV. s. l'aulne parisis.

645. *Item* IIII XII^nes de serviètes en IIII pièces, achetées ensemble XVI écus.

646. *Item* deux XII^nes d'autres serviètes, dont l'une XII^ne est de l'ouvre de Dammas et l'autre Rains, achetées XII écus.

647. *Item* deux XII^nes d'autres serviètes en une pièce, achetées XX fr.

648. *Item* deux pièces de toile fine achetées CV écus, qui sont IIII^xx I aulne de Paris.

## AUTRE LINGE

649. Une pièce de fines nappes de Rains d'environ V quartiers de lé, tenant XXV aulnes de Paris.

650. *Item* une autre pièce de napes de Rains d'environ une aulne et demi quartier de lé, tenant XXXII aulnes aulne de Paris.

651. *Item* IIII XII^nes de fines serviètes de Rains contenant chacune une aulne.

652. *Item* une pièce de fine toille de Rains contenant environ XXXVIII aulnes, acheté par feu monseigneur.

653. *Item* une XII^ne de fines serviètes de Rains, VII

deliées, achetées par mondit seigneur avec ladicte pièce de toille, chacune serviète contenant une aulne.

## AUTRE LINGE

654. Une pièce de fins draps chacune de III lez.

655. *Item* deux pièces de fine toille de Rains.

656. *Item* IIII XII$^{nes}$ de fines serviètes.

657. *Item* une pièce de fines napes de Rains.

658. *Item* une autre pièce de nappes de Rains.

659. *Item* une souscincellier[1] de soye vert, que donné pieçà, à feu monseigneur ledit Jehan Poulain son trésorier.

660. *Item* IIII XII$^{nes}$ de grosses serviettes de XXXVIII queuevrechiefs à porter de Coucy.

*Paremens de chapelle inventoriez et retenuz de ladicte Jehanette comme dessus.*

661. Une chapelle de veloux vermeil taint en grainne orfrasée d'or de Chipre, et doublé de taffetaz vermeil. C'est assavoir chasuble, tunique et domatique, ung frontier, ung dossier, deux estolles, deux phanons, troys amis, troys aubes parées, cinq saintures, ung parement de letrain, ung coissin, une bourse garnie de corporaulx, trois courtines de satin vermeil pour oratoire, les draps de quatre coussins de veluau, et une nappe d'autel parée de veloux vermeil bordez de ruban d'or de Chipre.

662. *Item* IIII paremens pour aubes, de drap de Dammas brochié d'or sur champ blanc.

663. *Item* deux paremens pour aubes, brochiés d'or sur champ vermeil.

1. Cincellier, du bas-latin zinzalarium — moustiquaire. M. Samaran a bien voulu me signaler le sens exact de ce mot.

664. *Item* XXVIII escussons que grans que petiz, brodez aux armes de feu monseigneur le duc et de madame.

665. *Item* trois napes d'autel, dont l'une est parée de drap de Dampmas sur champ vermeil.

666. *Item* III surpliz de toille, dont à l'un fault une manche.

667. *Item* une fine nape d'autel d'environ III aulnes de long, à liceaux d'or et frangée d'or, et la donna Jehan Poulain à feu monsiegneur aux estrainnes.

668. *Item* deux grosses napes d'autel.

669. *Item* III coffres, c'est assavoir; deux d'écrin et l'autre armoyé aux armes de feu madame, ou lesdiz linge et chapelle ont esté mis avec les clefs fermans yceulx.

*Autre Inventaire fait par les dessus diz commis, le* XXVIIe *jour de décembre ensuivant, de certains livres et autres choses que Marguerite de Solier avait en garde.*

670. Ung messel couvert de rouge cuir vieil, et une pipe dargent.

671. *Item* ung autre messel couvert à couverture longue de drap de Dampmas, gris doublé de cendal, à deux pipes d'ivoire.

672. *Item* ung petit breviaire de diverses collettes et de plusieurs sains, à fermaulx d'or armoyez à fleur de liz, couvert de couverture longue de drap de Dammas bleu, doublé de cendal vermeil.

673. *Item* ung breviaire a deux fermaulx d'or, en l'un des esmaulx est la Trinité, et en l'autre est l'image de Nostre Dame tenant son enfant, couvert d'une chemise de toille.

674. *Item* ung breviaire en II volumes des trois

temps [1], dont les fermaulx de l'un sont d'or ymagiuez de l'Annonciacion Nostre Dame, et la pipe d'or a ung saphir en guise d'un cuer ou milieu de la pipe, et auc deux costez armoiez de France a XVIII perles autour de la pipe, et sont les tissuz des fermaulx armoyez de France et de Navarre, couvert d'une chemise blanche.

675. Et de l'autre temps a deux fermaulx d'or, ou sont Saint Jehan Baptist et Saint Jehan Euvangeliste, et les tisiuz armoyez de France et d'Evreux, à une pipe d'or où il a deux petiz balaiz, deux petites esmeraudes, deux petites perles aux II bouz, a une chemise de toile, et lesdiz deux livres chacun en une chemise de velux bleu.

676. *Item* unes heures de Nostre Dame, ymagiuez, la première ymage de l'Annunciacion de Nostre Dame, toutes escriptes d'or et d'asur, à une pipe d'or en laquelle a I saphir, II balaiz et IIII grosses perles; les fermaulx d'or, en chacun fermail ung balay et IIII grosses perles, et les tissuz dizettes d'or et II bouches de perles, et la couverture desdictes heures de veluan noir, doublées de satin noir, brodée de branches d'arbre, et chacune branche semée de perles.

677. *Item* ung breviaire couvert de drap de Dammas bleu, à une fermail d'or armoyé de France, et une petite pipe d'argent tortissée ouquel feu monseigneur d'Orléans disoit ses heures.

678. *Item* une heure en alemant, à deux fermaulx d'argent doré, couvertes de velux vermeil.

679. *Item* ung saultier à deux fermaulx d'argent, duquel la première lettre est figurée de David qui se combat au géant, couvert de velu vert.

680. *Item* le Mirouer des Dames, couvert de drap

1. Saisons. Voir N° 675.

d'or, les fermaulx d'argent, esquelz sont Saint Jehan Baptiste de saint Jehan Euvangeliste, armoiez de France, de Navarre et d'Evreux.

681. *Item* ung livre en grant volume, couvert de cuir rouge, où on le premier feuillet est une dame figurée armoyée aux armes de feu monseigneur et madame d'Orléans, à deux fermaulx d'argent doré, esquellx est escript *Ave Maria.*

682. *Item* ung romant en alemant, couvert or, veluz vermeil, à II fermaulx d'argent doré.

683. *Item* ung livre appellé la Composicion de la Sainte Escripture, à deux fermaulx d'arain, couvert de cuir rouge.

684. *Item* ung livre appellé la Discrecion et Deffinicion de la Preudommie de l'omme, et le fist Crestine, couvert de cuir rouge, à deux fermouers de cuivre.

685. *Item* le livre de Lucan, à IIII fermaulx d'argent doré et une pipe d'argent doré, couvert de camocas.

686. *Item* les Croniques des rois de France, couvert de vieil velux noir, tous rez, à grans fermaulx d'arain, à cinq clox rons d'airain sur chacune des couvertures.

687. *Item* le livre des Balades Eustace Morel, couvert de cuir rouge.

688. *Item* le livre de Vénerie, fait par le conte de Foix, tout historié, couvert d'un baudequin neoir à branches de violettes blanches et vermeilles, doublé de cendal noir, à deux fermouers d'argent doré armoyez aux armes d'Orléans.

689. *Item* le livre de Canerian couvert d'une peau de veel velue.

690. *Item* ung role ouquel est la vie Nostre Dame et du Nouvel Testament, figuré par ymages, couvert d'un drap de soye brochié d'or.

691. *Item* le livre des Escheez, couvert de velu vert, à II fermaulx d'argent doré.

692. *Item* une Apocalice figurée, couverte de parchemin.

693. *Item* dix escussons aux armes de madame, ouvrées de brodeure.

694. *Item* deux couvertures de satin bleu doublées de taffetas bleu, brodé de bois et de marguerites au breviaire des deux volumes [1].

*Menues choses receuz par lesdiz commis de ladicte Marguerite comme dessus*

695. Sept mantelez crespés et deux trusses crespés, avecques les barbettes [2].

696. *Item* quatre douzaines et I queuvrechiefs rondelez [3].

697. *Item* dix sept petiz queuvrechiefs.

698. *Item* trois trusses rondelètes.

699. *Item* huit queuvrechiefs delez.

700. *Item* ung millier d'espingles.

701. *Item* deux rubans coiffez.

702. *Item* deux coiffes de cendal.

703. *Item* deux chaperons à couvre cornète, fourrez de meunvoir.

704. *Item* deux grans coffres et trois petiz.

705. *Item* trois croix d'or, doit il en y'a deux garnies de perles et pierrerie, et l'autre toute plainne, a une burlète d'or.

706. *Item* deux anneaux d'or où il y'a pierre qui garde contre le venin.

1. Voir N° 674.
2. Sorte de guimpe.
3. Rondelettes.

707. *Item* une pomme de muglias [1], escosée d'or, garnie de perles, et au bout une grosse perle.

708. *Item* une autre pomme escosée d'or, sans perles.

709. *Item* une grosse pièce d'ambre sans or et sans argent.

710. *Item* ung annel d'or où il y'a ung dyament (*baillé à monseigneur par ladicte Marguerite*).

711. *Item* ung reliquiaire d'or bordé de perles, à un chesne d'or, que feue madame portoit sur luy.

*Autre inventaire fait par lesdiz abbé, Mauvoisin et Pierre Sauvage, commis, etc. Le* VII *jour de janvier ensuivant, de certain linge et autres choses que Marion Damelle avioit en garde.*

712. Deux nappes en deux pièces de la nue [2] de Paris, chacune VII aulnes et demie de long et aulne et demie de large.

713. *Item* deux paire de draps vielz de V lez.

714. *Item* cinq linseulz velu [3] de III lez chacun.

715. *Item* cinq paires de linseulz de II lez chacun.

716. *Item* deux paires de linseulz de II lez et demie.

717. *Item* deux petiz draps de pié.

718. *Item* ung mantel à bain, ung font de cuve à bain.

719. *Item* seze oreillers que grans que petiz, tous entayez [4].

*Linge presque neuf reçu comme dessus*

720. Cinq paire de lainseulz de V lez.

721. *Item* quatre paire et ung lainseul, tous de III lez.

1. Musc.
2. Mesure.
3. Draps.
4. Couvert. Cf. latin tego.

722. *Item* sept paire de linseulz de III lez.

723. *Item* trois paires de II lez.

724. *Item* sept draps de III lez chacun.

725. *Item* une paire de IIII lez.

726. *Item* deux paires de draps de pie.

727. *Item* dix paires de draps de II lez chacun.

728. *Item* ung aubenoistier d'argent doré, aux armes de madame, à tout le guipillon.

729. *Item* une cuiller d'argent dorée.

730. *Item* le Roman de la Rose, figuré.

731. *Item* ung livre des Espitres du debat sur le Romant de la Rose, couvert de cuir rouge, a deux fermaulx de latton.

732. *Item* ung couteau à table, a manche de madre armoyé aux armes de madame.

733. *Item* ung miroer de Cipres, à I pilier d'yvour.

734. *Item* treze chemises et une brasserolle.

735. *Item* quatre serviètes à essuyer mains.

736. *Item* huit colerez [1].

737. *Item* quatre paire de solliers escorchez.

738. *Item* deux paire de soliers escorchiez, à boucles d'argent dorez.

739. *Item* une paire de boucletes dorées à solliers.

740. *Item* trois paire de solliers noirs.

741. *Item* une botines escorchiez à laz.

742. *Item* deux paire de galoches couvertes de drap vermeil, à relever de nuit.

743. *Item* cinq paires de galoches de cuir doré, de la façon de Lombardie.

744. *Item* deux paires de chausses noires, toutes nuefues.

745. *Item* unes botes à relever, fourées de gris.

1. Collerettes.

746. *Item* deux boites de savon.

747. *Item* une boistes de triacle, de plont.

748. *Item* ung jeu de quartes sarrasines.

749. *Item* unes quartes de Lombardie.

750. *Item* ungs esperons a femme, dorez, armoyé[1] de soye vermeille.

*Autre vaisselle d'or et d'argent pierreries et autres choses, baillez et vendu ausdiz commis, c'est assavoir ; l'abbé, Mauvoisin et messire Pierre Sauvage, par dame Jehane de Hetedon, dame de Traversan, le* VII^e^ *jour de janvier ensuivant.*

751. Un gobellet d'or couvert, a une terrasse au couvescle en laquelle a ung cerf ou milieu, et plusieurs petiz chiennez, et dessoulz ou piet, une autre petite terrasse, et entour icelluy plusieurs perles, pierres, balaiz et saffirs, et y faillent deux perles seulement, et ledit gobelet poinconné tout à l'entour.

752. *Item* ung autre gobellet d'or, esmaillié tout à l'entour de rouge clerc et de ne m'oubliez mie d'angeloz, garny le couvercle tout à l'entour de perles, et fault une perle audit couvercle, et dessus icelluy couvescle fault ung safir. (*Porter à Paris pour vendre.*)

753. *Item* une aiguière d'or de semblable façon dudit gobelet, en laquelle fault entour le chappelet du couvescle dicelle deux perles, et fault le saffir du bout dessus le couvescle, en aquelle aiguière a uny saffir sur le charnière dudit couvescle. (*Porter à Paris pour vendre.*)

754. *Item* une aiguière poinconée tout à l'entour, et dessus le couvercle personnages poinconnez en manière de pastouriaux, et sur le pommète di celluy couvescle a ung saffir et trois perles.

1. Fourni de courroies.

755. *Item* ung gobellet d'or couvert à trois couronnes poinconnées, deux entour ledit gobelet et une sur le couvescle, avecques ung bouton sur icelluy. (*Non*).

756. *Item* une aiguière d'or poinconnée à esgles dor, et dessus le couvercle a hommes en manière de pastouriaux, et dessus le couvercle dicelluy, a trois perles et ung saffir et y fault une perle.

757. *Item* ung gobellet d'or goderonné, et poinconné tout entour de roses et autres feuilles, et dessus le couvercle a ung bouscon esmaillié de rougle cler, et à l'entour du souage dudit boucon a onze perles, et y en fault une. (*Le* XIII^e^ *jour de septembre an* III^c^ *et* IX *Monseigneur le donna à Paulin Daiez, maistre d'ostel du Pape qui aporta les nouelles de la creaçion du Pape*[1] *pesant* II^me^ v^e^ *esterling d'or.*)

758. *Item* une autre aiguière d'or pareille goderonnée, poinconnée tout à l'entour de statues, oyselez, rousettes et plusieurs autres fueilles, et n'est point atachié le couvescle, ne le bouton de dessus couvescle, lequel est garni de trois perles et ung saffir on milieu.

759. *Item* ung gobellet d'or tout plain, semé de rosettes eslevées, et esmaillées de vert, et on couvescle de dessus a une fueille de bourrache garnie d'un saffir et cinq perles à l'entour. (*Porter à Paris pour vendre.*)

760. *Item* Un gobellet d'or couvert en manière d'une couppe, poinconné tout à l'entour d'oiseaux et de fleurs, et dessus le couvescle dudit gobellet d'enfens longs, vestuy, qui tiennent molinés[2] et cousteaulx d'ancienne façon, et on bout, dessus ledit couvescle, trois perles et

---

1. Pietro Philargi, Cardinal de Milan. Il fut élu le 26 juin et prit le nom d'Alexandre V. Voir à son sujet CREIGHTON : *History of the Papacy*. Vol. I, p. 250, et seq.
2. Petits moulins à vent servant de jouet.

en y fault une, et ung saffir, lequel est noire, ou drapelet [1], ou quel est enveloppé ledit gobellet dedens l'estuy (*Non.*)

761. *Item* six tasses d'or à pié armoyées on fons aux armes de madame. (*Porter à Paris pour vendre.*)

762. *Item* deux poz d'or, armoyez dessus le couvescle des armes de madicte dame. *(Portés à Paris pour vendre.)*

763. *Item* un dragouer d'or poinconné sur le pié, et ou hault dessus de loux, de rosetes et autres fueilles avec esmaulx de plusieurs couleurs, et ou milieu dudit dragouer a ung chesne d'or assis sur une terrasse à ung champ vert semé de marguerites. (*Porter le dragouer sans le pié*).

764. *Item* ung gobelet d'or couvert, en façon de coupe poinconné à l'entour, et sur le couvescle de personnages qui joustent, et d'arbres, ou pié du quel gobelet a à l'entour huit perles en iiii couples, deux saffirs et deux balais, et entour le couvescle dicelluy XVIII perles en VI couples, III saffirs et III balaiz, ou fretelet dessus I gros saffir et III perles. *(Porter à Paris pour vendre.)*

765. *Item* une petite aiguière d'or poinconnée tout à l'entour dessus le couvescle de rosiers. (*Non.*)

766. *Item* ung autre hanap d'or poinconné de *VVV*, et à tourterelles, et ou fretelet a VI perles et I saffir *(Porter à Paris pour vendre.)*

767. Ung gobelet d'or couvert, poinconné a royes de soleil, et une branche de fuillage dedens, et le fons d'icelluy et le fretelet faiz a coups de marteau. (*Le* XXIIII *jour de septembre mil* IIII$^{c}$ *et* IX *ce gobelet et ceste aiguière ont este envoiez par Jaquet Clergeast chevau-*

---

1. Petite serviette.

*cheur à monseigneur le chancelier d'Orléans, messire de Braqmont et de Fontaines* [1], *par le commandement de monseigneur, pour donner et presenter de par mon dit seigneur au chancelier de Berry, evesque de Paris* [2], *à sa première entrée à Paris.*)

768. *Item* une haulte aiguière d'or de mesmes, faite semblablement et poinconnée de royes de soleil, et dedens lesdicts royes de soleil branches de fuillage, et on fretelet dessus le couvescle a trois perles, et ung saffir qui est dedens l'aiguière.

769. *Item* six tasses d'or, à souages esmaillées on fons des armes de madame. (*Porter à Paris pour vendre.*)

770. *Item* une aiguière d'or poinconnée à oyseaux, et à trois biberons, et le pié dessolz à coulombes et à fenestres. (*Porter à Paris pour vendre.*)

771. *Item* ung gobelet d'or à souages, esmaillié tout à l'entour d'angelz d'asur, et sur le couvecle semblablement, et le fretelet dessus tout de perles et ung saffir au bout, et au tour du pié III saffirs, III balaiz et vint quatre perles en VI couples.

772. *Item* ung gobelet d'or couvert esmaillié de cosses et de fleurs de gennestes, ou quel a entout CXI perles et trois balaiz sur le fretelet.

773. *Item* ung gobelet d'or couvert, tout plain sans esmail ne poinconneure, et ung fretelet rous dessus esmaillié d'une branche de ronce vert tout à l'entour. (*Porter à Paris pour vendre.*)

774. *Item* ung autre gobelet d'or couvert tout plain sans esmail et ung fretelet d'or dessus à petitz boillonz [3]

---

1. Jean de Fontaines, conseiller et chambellan du duc d'Orléans.
2. Gérard de Montaigu d'abord évêque de Poitiers, puis de Paris, mort en 1420.
3. Boutons ou clous saillants.

bien menuz. (*Le* IX^e *jour de janvier l'an* IIII^e *et huit donna monseigneur à la dame de Traversan ce gobelet.*)

775. *Item* ung hanap d'or couvert poinconné à branches et de fueilles de roses, et dessus le couvescle a huit roses blanches garnies. C'est assavoir ; les deux de deux balaiz, deux de deux saffirs, et les autres quatre, chacune de trois perles, et le fretelet garni de XII perles entour, et ung saffir dessus, et le buvant dudit hanap garny par dessoulz de XVI roses blanches, les quatre garnies de quatre balaiz, quatre de quatre saffirs et les VIII autres de chacune trois perles, et le dessus du pié esmaillié de blanc à besans d'or pointillez de rouge cler.

776. *Item* ung grant porc espic d'or, à une sallière de coquille, et le couvescle de la salière d'or et de coquille garni d'une sainture d'esperance, et dessus le fretelet une petite freze et besans pendens.

777. *Item* six perles grosses et petites, et une fueillete d'or, et le pié du chardonnereul de la caige qui est cy dessoulz [1].

*Vaisselle d'argent reçeue et inventoriée par les diz commis comme dessus de madicte dame de Traversan*

778. Deux flacons d'argent dorez, esmailliez de vert, de bleu et de plusieurs autres coulleurs, chacun a trois testes eslevées et une courroye ferrée tout au long de clox d'argent dorez, assis sur ung tissu de soye bleu, et tient le couvescle diceulx flascons à chainnetes d'argent dores, et y fault quatre cloz. (*Délivrer à Aubertin pour porter à Paris.*)

779. *Item* une cagette d'argent dorée en laquelle a

1. Voir n° 779.

ung chardonnereul d'argent, la mengouere et le cornet tout d'argent doré, et un chief dessus a ung serpent blanc, et le fons dicelle d'argent blanc. (*Délivrer à Aubertin le chardonnereul pour porter à Paris pour reffaire.*)

780. *Item* douze tasses d'argent dorées en façon de roses, armorées ou fons des armes de madicte dame. (*Délivrer à Aubertin pour porter à Paris.*)

781. *Item* deux grans poz longs d'argent dorez en façon d'aiguière, le boucon de dessus le couvescle armoyé des armes de monseigneur et de madame. (*Délivrer à Aubertin pour porter à Paris.*)

782. *Item* deux autres petiz poz de semblable facon, les tuyeulz d'iceulz quatre poz à testes et colz de serpens. (*Délivrer à Aubertin pour porter à Paris.*)

783. *Item* deux grans bacins d'argent dorez en façon de roses, esmaillées et armoyées ou fons des armes de madame, et sur les bors d'esmaulx de plusieurs couleurs. (*Délivrer à Aubertin pour porter à Paris.*)

784. *Item* ung gobellet d'argent doré, à ung fretelet et aux armes de mondit seigneur.

785. *Item* ung autre gobelet d'argent blanc couvert, enlevé de fleuretes. (*A esté baillié à Jaquet Bonchet et à son compagnon, garde huches du commandement et pour monseigneur.*)

786. *Item* deux justes d'argent blanc à glans et aux armes de monseigneur. (*Sont baillé en l'eschansonnerie aux susdiz gardes huches.*)

787. *Item* ung pot d'or signé aux armes de monseigneur. (*Baillé à Aubertin pour porter à Paris pour fondre.*)

788. *Item* quatre poz d'argent blanc. (*Le* XXV^e^ *jour de janvier* III^c^ VIII, *du commandement de monseigneur, l'un de ces poz baillié à Aliz pour ma damoiselle. De*

*ces* IIII *poz les deux sont en l'eschanconnerie devers ledit Jaquet et son compagnon garde huche.*)

789. *Item* trois bacins d'argent, deux dorez et I blanc. (*L'un des dorez baillié à Philippot du Mesnibrenart pour monseigneur de Vertuz, et le blanc pour monseigneur d'Angoulesme*[1], *du commandement de monseigneur le* XXV *de janvier.*)

790. *Item* deux grans tasses dorées aux armes de monseigneur. (*Délivrer à Aubertin pour porter à Paris pour fondre.*)

791. *Item* une aiguière d'argent dorée.

792. *Item* deux XII^nes de tasses d'argent, dont l'une est dorée.

793. *Item* trois autres tasses d'argent blanches dont les deux sont rompues.

794. *Item* une autre tasse d'argent blanc.

795. *Item* vint six plaz dorez.

796. *Item* trente une escuelles d'argent dorées.

797. *Item* quatre chandelles d'argent dorez. (*Délivrer à Aubertin pour porter à Paris.*)

798. *Item* ung calice d'argent doré armoyé aux armes de feue madame, semez de VVS au pié, et la platine dessus.

799. *Item* six petiz platelez d'argent blanc à servir de fruit, aux armes de monseigneur et de madame.

800. *Item* quatre plaz d'argent blanc pour saulcerie, aux armes de monseigneur et de madame.

801. *Item* ung tablier de coquille de perles et de

---

1. Jean, 3e fils de Louis et de Valentine. Né en 1400, il fut un des sept otages délivrés aux Anglais en 1412, et demeura en Angleterre jusqu'en 1445. En 1449 il épousa Marguerite de Rohan, dont il eut plusieurs enfants, entre autres Charles comte d'Angoulême, le futur père du roi François Ier. Jean mourut en 1467.

jaspre, et a plusieurs personnages, couvers de miroers, garni de tables et eschas.

802. *Item* ung letrain d'argent assis sur deux leuz, armoyé aux armes de monseigneur, poinconné a leuz et ilec.

803. *Item* quatre platines d'argent, esmaillées les deux aux armes de feue madame, et deux à fleurs.

804. *Item* deux petiz lyonnez d'argent dorez, ung clou et une pièce d'argent dorez, mis en ung petit sachet et ou coffre de la vaisselle d'argent.

805. *Item* unes balances, et les pois de VIII mars.

806. *Item* trois grans coffres à mettre ladicte vaisselle.

*Receu par les diz commis de madame de Saint Oen c'est assavoir.*

807. Ung pot d'argent blanc signé au manche à une L., et dessus le couvescle aux armes de monseigneur, tenant environ trois pintes.

808. *Item* ung autre pot d'argent cler, signé au manche à unes verges, et sur le couvescle aux armes de monseigneur, tenant ledit pot deux quartes.

*Autre Inventoire de vaisselle d'argent, et autres choses, inventoriez par lesdiz commis et reçeuz de Noël de Belay le* VII^e^ *jour de janvier ensuivant.*

809. Uny dragouer doré armoyé aux armes de feux monseigneur et madame, goderonné.

810. *Item* ung autre dragouer doré, aux armes de monseigneur. (*Baillié par lesdiz commis le* VII^e^ *de janvier à Jehan Giron, varlet de chambre, pour monseigneur.*)

811. *Item* ung autre dragouer doré, aux armes de France et d'Angleterre. (*Baillié ce mesmes jour à Jehan Lestrinain, varlet de chambre de madame, par les dessus diz, pour madame.*)

812. *Item* ung autre dragouer doré parti des armes de monseigneur et de madame et est la platine ung pou cassée.

813. *Item* ung autre petit dragouer blanc, ou milieu du fons duquel a I M. à ung chapeau de marguerites.

814. *Item* douze tasses dorées, armoyées ou fons dedens des armes de monseigneur.

815. *Item* dix neuf tasses blanches, armoyées ou fons dedens des armes de monseigneur. (*De ces tasses blanches, sont devers monseigneur de Vertuz en garde de Jehan Pourveeur deux. Devers monseigneur d'Angoulesmes à Agnes deux. Devers ma damoiselle à Yvonnet le Breton deux. En l'eschanconnerie de monseigneur deux. Devers les garde huche trois.*)

816. *Item* quatre autres tasses blanches, armoyées ou fons dehors des armes de monseigneur.

817. *Item* une quarte d'argent dont le couvescle ne tient point, armoyé des armes de monseigneur et de madame.

818. *Item* une aiguière d'argent blanc en façon de courge armoyé des armes de monseigneur. (*Le* XXV *jour de janvier* III^c^ *et* VIII *baillée ceste aiguière à Monseigneur d'Angoulesme.*)

819. *Item* deux autres aiguières, dorées toutes deux d'une façon, dont en l'une le couvescle ne tient point.

820. *Item* ung grant bacin à l'ancienne manière doré ; pesant VI^m^ VI° d'argent d'Alemaigne. (*Donné au dit Noël par monseigneur, du commandement du conseil, pour recomposacion de son service, le* IX *jour de janvier* III^c^ *et* VIII.)

821. *Item* deux palettes[1] d'Alemaigne à trencher espicés. (*Baillées à Jehan Giron le* VII *de janvier.*)

822. *Item* ung coffre long à mettre vaisselle.

823. *Item* deux coffres à mettre espices tous neufs. (*Délivrez à Jehan Giron pour les espices de monseigneur.*)

*Autre Inventoire, fait par lesdiz commis de certaines robes fourrures et autres choses de feue madicte dame, le* III[e] *jour de janvier* M. IIII[c] *et huit.*

824. Ung couvertouer d'ermines bordé autour de drap d'or.

825. *Item* trois couvertouers d'escarlate vermeille, foubré de menuvairs.

826. *Item* ung couvertouer d'escarlate rousée, foubré de menuvair.

827. *Item* ung couvertouer de pers, foubré de menuvair.

828. *Item* ung couvertouer de vert, foubré de gris, (*Il est devers ma damoiselle.*)

829. *Item* ung autre couvertouer d'escarlate rosée, foubré de gris.

830. *Item* une escarlate doublé, une fustainne et une courtepointe pour lit.

831. *Item* une autre escarlate doublé, une fustainne et une courtepointe pour lit. (*L'escarlate et la fustainne sont devers ma damoiselle.*)

832. *Item* deux pavillons blancs.

833. *Item* deux matras[2], et deux coissins de mesmes, couvers de cendal.

---

1. Petites pelles pour ramasser les épices.
2. Matelas.

834. *Item* deux courtepointes, cest assavoir une neufves, et deux viez.

835. *Item* ung petit couverton d'escarlate, fourré d'ermines.

836. *Item* ung petit couverton d'escarlate, foubré de menuvairs.

837. *Item* ung petit couvertouer d'escarlate vermeille, fourré de cendal vermeil.

838. *Item* ung petit couverton rouse, foubré de gris.

839. *Item* ung couverton vermeil, foubré de menuvair.

840. *Item* ung couverton vermeil, foubré de menuvair.

841. *Item* ung grant carreau de veloux vermeil à II soleil, armoyé ou milieu d'un liz, et d'autre aux armes de madicte dame, et semé de branches de may dont les fleurs sont de perles, et si [1] sont les rayes du soleil, et aussi l'escu semé de perles, et à chacun des IIII cornes dudit quarreau ung gros boucon de perles, et à chacun des costez neuf petiz boucons de perles, et à chacun des bous VIII pety boucons de perles.

842. *Item* deux petiz quarreaux de veloux vermeil, semblablement armoyées et semées de perles, et aux IIII cornes IIII gros boucons de perles, et a chacune quarré VI petiz boucons de perles.

843. *Item* ung grant quarreau de veloux vermeil a quatre gros boucons de perles.

844. *Item* ung orfray [2] pour une chasuble, fait de broderie à ymages.

845. *Item* ung tableau d'yvoire où est le crucifiement.

846. *Item* trois chappeaux de paille, desquelz l'un est doublé de cendal.

1. Aussi.
2. Passementerie. Cf. le mot anglais orphrey.

847. *Item* ung pavillon de drap à cuve.

848. *Item* ung manteau d'escarlate à cuve, foubré de menuvair.

849. *Item* ung couvertouers de chayère vieil, de drap d'or bordé de velu vermeil, à quatre escussiaux avec IIII cornez aux armes de monseigneur.

850. *Item* une paire de manches de satin noir à grans bombardes.

851. *Item* une paire de satin vermeil à bombardes.

852. *Item* une paire de manches d'escarlate vermeille à bombardes.

853. *Item* une paire de manches de brun vert à bombardes.

854. *Item* une paire de manches d'escarlate rondes, et une frange noué sur le poing.

855. *Item* deux paires de manches rondes de satin blanc, à frange noué sur le poing.

856. *Item* deux paires de manches de toile.

857. *Item* six forreures de hoppelandes de satin blanc, dont il fault en l'une une manche.

858. *Item* la fourreure d'une chappe et d'un corset long de satin blanc.

859. *Item* une fourreure d'une cote hardie de cendal vermeil où il fault une manche.

860. *Item* ung manteau noir, foubré de gris. (*Donné à madame de Traversan par le commandement de monseigneur et de madame, le* IIII[e] *de janvier* IIII[c] *et* VIII.)

861. *Item* ung manteau d'escarlate, foubré de gris.

862. *Item* ung manteau de veluau vermeil, foubré d'ermines.

863. *Item* ung manteau noir, foubré de menuvair. (*Donné à Margot comme dessus le* VIII[e] *jour de janvier ensuivant.*)

864. *Item* ung autre manteau noir, foubré de menuvair.

865. *Item* ung manteau de drap gris, foubré de gris. (*Donné le jour dessusdit comme dessus à Symone la Lavendière.*)

866. *Item* ung manteau moyen de drap noir, foubré de gris. (*Donné comme dessus le dix*eme *jour de janvier, à Colete, femme de maistre Francoys.*)

867. *Item* ung autre petit manteau d'escarlate, foubré de gris.

868. *Item* ung manteau à chevaucher d'escarlate, et doublé d'escarlate.

869. *Item* ung grant manteau d'escarlate vermeille, foubré de cendal vermeil.

870. *Item* ung petit manteau de pers, foubré de cendal pers.

871. *Item* une hoppelande de nuit [1] de drap gris, et foubré de gris. (*Donné du commandement de monseigneur et de madame à Margot la Sarrasine, le* ve *de janvier* IIIIc *et* VIII.)

872. *Item* une hoppelande de cramoisy à manches closes et grans bombardes, foubrée de gris. (*Donné par mondit seigneur et donné ce jour a Marguerite Burelle.*)

873. *Item* une hoppelande de veluau vermeil à manches ouvertes, et foubrée de gris.

874. *Item* une hopelande de veluau noir à manches ouvertes, foubrée de gris.

875. *Item* une hoppelande de brun vert à grans manches ouvertes, foubrée de gris. (*Donné comme dessus à Jehanne la brune le* IIIIe *jour de janvier.*)

876. *Item* deux brasserolles d'escarlate, foubrées de menuvair.

---

1. Peignoir ?

877. *Item* une hoppelande de veluau velu vert, foubrée de menuvair. (*Donné du commandement de monseigneur et de madame le* VI[e] *jour de janvier* IIII[c] *et huit, à Jehanne de Saint Lubin.*)

878. *Item* une hoppelande de veluau vermeil, faite à chapelez, foubrée de menuvair.

879. *Item* une hopelande de veluau figuré, fait à croisetes, fourrée de menuvair. (*Donné comme dessus ce jour à madame de Presles.*)

880. *Item* une robe de satin noir, figuré de veluau à floretes vermeilles, foubrée de menuvair. (*Donné ce jour comme dessus à madame de Traversan.*)

881. *Item* une robe de satin noir figurée à violetes blanches et rouges, fourrée de menuvair. (*Donnée par mesdiz seigneur et dame le* VIII[e] *jour de janvier* IIII[c] *et* VIII *à madame d'Anneville.*)

882. *Item* une hoppelande de veluau vermeil, fourrée de menuvair. (*Donné comme dessus ce jour à Marguerite du Solier.*)

883. *Item* une hoppelande de satin noir figurée à violetes d'or et vermeilles, fourrée de menuvair.

884. *Item* une hoppelande de satin noir, figurée à violetes fleuretes blanches et rouges, fourrée de menuvair. (*Donné du commandement de mesdiz seigneur et dame le* X[e] *de janvier* IIII[c] *et* VIII, *à Thomas du Four.*)

885. *Item* une hoppelande de satin cramoisy et veluau ensemble, fourbée de menuvair. (*Donné ce jour comme dessus à madame de St-Ouen.*)

886. *Item* une hoppelande de satin vermeil et veluau ensemble, ouvrée d'orties, fourrée de menuvairs.

887. *Item* une hopelande de satin vermeil, ouvré de veluau vert et floretes d'or, foubrée de menuvair. (*Donné par mesdiz seigneur et dame le* VIIe *de janvier à ma dame d'Anneville.*)

888. *Item* une hopelande de veluau noir figuré d'ouvrages blancs vers et rouges, fourrée de menuvair.

889. *Item* une hoppelande de drap d'or à ronses vermeilles, fourrée de menuvair.

890. *Item* une hoppelande de veluau ouvrée d'or et de vert à trefles, fourrée de menuvair.

891. *Item* une hoppelande de veluau figuré d'or à cheverons d'or et ronces parmi, fourrée de menuvair.

892. *Item* une hoppelande de veluau blanc, fait de cheverons et à trefles d'or, et ronces parmi, fourrée de menuvair.

893. *Item* une hoppelande de drap d'or, à espies d'esperirers et bandes vermeilles, fourrée de menuvair.

894. *Item* une hoppelande de drap d'or, semé de ronses vermeilles et boutons blancs, fourrée de menuvair.

895. *Item* deux robes, chacune de v. garnemens de veluau vermeil, dont l'une des deux est fourré de menuvair et l'autre de cendal vermeil.

896. *Item* ung manteau à espouser, et une cote simple de drap de soye bleu figuré à signes, foubré le manteau d'ermines.

897. *Item* ung autre manteau long de drap d'or blanc, fourré d'ermines. (*A esté donné à Saint-Saulveur de Blois, par commandement de monseigneur, pour achever un leur parement d'autel de drap pareil.*)

898. *Item* une cote hardie de veluau vermeil figuré à violettes d'or, les manches foubrés d'ermines, et le corps de menuvair. (*Donné par commandement de monseigneur et de madame le* VI^e^ *de janvier* IIII^c^ *et* VIII, *à Jehanneton.*)

899. *Item* uny corset de veluau vermeil, ouvré d'or à oyseaulx, et est sangle.

900. *Item* ung corset de veluau vermeil figuré d'or, sangle, lequel ne fut oncques parfait.

901. *Item* ung corset de veluau vermeil figuré d'or loing à loing, fourré de cendal blanc.

902. *Item* ung corset de drap d'or blanc, fait à chevrons vers et d'or, foubré de cendal vermeil.

903. *Item* ung corset de satin noir, fait à violetes d'or et blanches, foubré de cendal blanc.

904. *Item* ung corset de drap de soye vert, foubré de cendal vermeil.

905. *Item* une hoppelande à veluau vermeil sangle, à petites manches. (*Donné comme dessus le* VIII^e^ *de janvier* IIII^c^ *et* VIII, *à Colete, femme maistre Francoys.*)

906. *Item* une hoppelande de camelot vermeil sangle, brodée au long des manches.

907. *Item* une autre hoppelande de camelot vermeil sangle.

908. *Item* une cote hardie de drap de soye vermeil, foubrée de cendal vermeil.

909. *Item* une robe longue de laine, foubrée de menuvair. (*Donné le* VIII^e^ *de janvier comme dessus, à Colete, femme maistre Francoys.*)

910. *Item* une cote hardie sangle, de cramoisy brochée d'or.

911. *Item* une robe longue de drap noir, foubrée de menuvair. (*Donné comme dessus ce dit jour à Jehanneton.*)

912. *Item* une autre robe longue de brunete [1], foubrée de gris.

913. *Item* une cote simple de drap noir, foubrée de menuvair. (*Donné lesdiz robe et cote le* X^e^ *jour de janvier, par mesdiz seigneur et dame, à Marion Damelle.*)

---

1. Etoffe de laine fine et légère de couleur presque noire dont les gens de qualité s'habillaient autrefois.

914. *Item* une autre cote simple de noir, foubrée de gris. (*Donné le* x^e^ *de janvier, à Marion Damelle.*)

915. *Item* deux chaperons à coquille, foubré de menuvair. (*Donné, l'un à Jehanneton et l'autre à la femme maistre Francoys, ce dit jour.*)

916. *Item* une robe longue de noir, foubré de menuvair. (*Donné ce dit jour comme dessus à Colete, femme maistre Francoys.*)

917. *Item* deux bassins d'argent blanc, rons, à barbiers.

918. *Item* ung carreau de drap d'or, doublé de cuir, sans plume.

*Autre Inventoire, fait par lesdiz abbé de Chesy et maistre Pierre Sauvage, commis etc., de la vaisselle trouvée en l'eschanconnerie, que Phelipot Moule, garde huche de feue madame, avoit en garde, inventoriée et reçeue par lesdiz commis dudit Phelipot le* XXI^e^ *jour de janvier mil* IIII^c^ *et* VIII.

919. Ung gobelet d'or, martelé, couvert, à ung fretelet dessus, et on my lieu dedens ledit couvescle a une esle blanche.

920. *Item* quatre poz dorez en façon de poire, armoyez aux armes de feue madame, ung sans fretelet et l'autre le pié chent [1].

921. *Item* deux justes dorées [2], figurées aux armes de feue madame.

922. *Item* deux poz blancs, l'un signé aux armes de monseigneur, l'autre aux armes de feue madame.

1. Peut-être cheant ou faible.

2. Vase ou flacon de table à anses et à couvercle dont la forme variée se rapprochait à celle des aiguières, etc. Les petites justes ou justelettes n'étaient employées que pour boire la bière.

923. *Item* trois aiguières blanches, les deux aux armes de feue madame, et l'autre aux armes de monseigneur.

924. *Item* deux bacins blancs, esmaillez ou fons des armes de feue madame.

925. *Item* ung pot d'aumosne, signé aux armes de feue madame, et de Paris [1].

926. *Item* six tasses dorées à pié, signées aux armes de monseigneur.

927. *Item* douze grans tasses, signées aux armes de monseigneur.

928. *Item* cinq tasses dorées à pié, marteleez ou fons, aux armes de monseigneur.

929. *Item* trois petites tasses à assay [2], blanches, de celles qui a rendues Noël de Belay.

930. *Item* deux bassins dorez qui sont à madame, armoyez des armes de France, d'Angleterre et d'Irlande.

931. *Item* ung pot d'aumosne blanc de madicte dame, aux armes de France et d'Angleterre.

932. *Item* deux grans justes blanches à glans, aux armes de monseigneur.

933. *Item* deux quartes blanches, aux armes de monseigneur. (*Ces* IIII *articles sont à presens en l'inventoire de madame de Traversan, cy devant escript.*)

934. *Item* ung gobelet d'argent blanc enlevé de floretes, qui fu de feu monseigneur.

935. *Item* deux bassins et deux poz blans d'argent, les bassins armoyez aux armes de feue madicte dame.

936. *Item* deux coffres à vaisselle, couvers de cuir et ferruz.

---

1. Voir Inventaire I, n° 222.
2. Probablement des tâte-vin.

937. *Item* vint cinq grans barilz, et quatre doubleaux [1] et quatre sextiers [2] vielx.

*Autre Inventoire, fait par les dessus diz commis, de la vaisselle trouvée en la pannieterie que Simonnet du Val, somelier de ladicte panneterie, avoit en garde, inventoriée le* XXI *jour de janvier* IIIIe *et* VIII.

938. Une nef dorée à deux cages, aux armes de madame et de Paris.

939. *Item* six tranchoirs dorez, aux armes de madame.

940. *Item* une fourchete d'or au dictes armes, et brochée [3] d'une des dens.

941. *Item* une espreuve d'or, aux dictes armes, sans licorne ?

942. *Item* une petite salière d'argent dorée, qui a dessus un petit glan.

943. *Item* une chose d'argent dorée à mettre l'euf de madame.

944. *Item* ung cofin [4] d'argent aux armes de monseigneur.

945. *Item* une nef à quatre roes, aux armes de monseigneur, à II serpens emantelez.

946. *Item* six tranchoirs dorez, aux dictes armes.

947. *Item* une salière d'argent dorée en façon d'une coquille, en trois pièces.

948. *Item* cinq trenchoirs dorez, aux armes de monseigneur.

---

1. Selon Godefroy, le doublet était un vase contenant une quantité double de la mesure ordinaire qui était la pinte de Paris.

2. Setiers.

3. ? Cassée. Cf. le participe passé du verbe anglais to break : broken.

4. Petit coffre, ou panier à fruits.

949. *Item* une salière d'argent dorée, couverte.

950. *Item* une navete d'argent dorée, aux armes de madame.

951. *Item* une nef nuefe, armoyée aux deux costez dessus et ou pié de la nef, aux armes de monseigneur, et aux deux bous, deux buillons en façon de soleil.

952. *Item* une nef de madame, aux armes de France et d'Angleterre, à deux lions, émantelez aux armes susdictes.

953. *Item* VI tranchoirs d'argent dorez, V aux armes de France et d'Angleterre, et le VI^e aux armes de monseigneur.

954. *Item* une salière d'argent dorée, aux armes de France et d'Angleterre, en façon de cope, couverte, à ung fretelet dessus le couvescle. Et les estuys des nefs.

955. *Item* ung grant coffre couvert de cuir et barré de fer, trois moyens et I petit.

*Autre inventoire, fait par les diz commis, de la vaisselle trouvée en la saulserie, laquelle Jehan Fusée avoit en garde, fait le* IX^e *jour de février* IIII^c *et* VIII.

956. Premier. Onze plaz dorez entiers, signez sur le bort aux armes de feue madame.

957. *Item* trois plaz dorez, rompuz et en pièces, aux armes d'Angleterre, et sont les pièces devers le dit Fusée, excepte une petite pièce du bort qu'il dit que Jehan Lescrivain a. *(Rendus par ledit Fusée, et mis es coffres au retrait de madame, par madame de Lalande et ledit maisire Pierre Sauvage le* II^e *jour de mars* IIII^c *et huit, excepté la piece dudit plat qu'il dit estre devers ledit Escrivain.)*

958. *Item* XVI escuelles dorées, aux armes de feue madame, signees sur le bort.

959. *Item* xv grans plaz d'argent blanc, signez les xi aux armes de feue madame, et iiii aux armes de monseigneur, à ung escucon.

960. *Item* xi petiz plaz d'argent, signez aux armes de feue madame.

961. *Item* quatre petiz plaz dorez, signez aux armes d'Angleterre.

962. *Item* quatre autres petiz plaz d'argent blanc, signez aux dictes armes d'Angleterre.

963. *Item* xvi grans escuelles blanches, signeez à ung escucon aux armes de monseigneur, dont les viii sont signées à l'egle dessoulz le bort.

964. *Item* vii petites escuelles, signées aux armes de monseigneur sur le bort.

965. *Item* viii grans escuelles, signées aux armes de feue madame.

966. *Item* xxvi petites escuelles blanches, signées aux armes de feue madame.

967. *Item* trois escuelles d'argent blanc, signées aux armes d'Angleterre. (*Rendues par ledit Fusée et mises es coffres presens madame de Lalande et ledit maistre Pierre Sauvage le* ii$^{e}$ *jour de mars* iiii$^{c}$ *et huit. Ceste postille sert à ces* iii *escuelles.*)

968. *Item* trois escuelles blanches, rompues, dont les deux sont signées aux armes de feue madame, et l'autre aux armes d'Angleterre.

969. *Item* une tasse d'argent, signée aux armes de feue madame, et i petail.

970. *Item* dit ledit Fusée que Tassin le doyen argentier doit avoir devers lui i. plat doré, signé aux armes de feue madame, et deux escuelles ou les pièces qui furent emblées [1].

---

1. Volées.

*Autre inventoire, fait par lesdix commis, de certaine vaisselle que Jehan de Milat, dit l'Angevin, avait en garde, fait ou dit mois de janvier.*

971. Ung hanap d'or, couvert, en façon de rose, à ung fretelet de luy mesmes; pesant ung marc une once et demie. (*Monseigneur la fait baillé à ma damoiselle.*)

972. *Item* une aiguière d'argent dorée, en façon de poire, à ung escu frapé enpres le biberon aux armes de mondit seigneur le duc; pesant II$^{m}$ XLII$^{o}$ et obole.

973. *Item* ung bacin veré, signe sur les bors à ung escu hachié aux armes de mondit seigneur et de madame; pesant V$^{m}$ II$^{o}$. (*Baillé à Jehan le Mercier, sommeiller de chambre.*)

974. *Item* une aiguière en façon de cuve, rompue, dont la pièce et devers lui. (*Baillé à Jehan le Mercier.*)

975. *Item* deux flacons d'argent dorez, et sur les deux costez a ung estuy où se mettent deux tasses, et y sont lesdictes II tasses.

976. *Item* une petite cuvete d'argent dorée, faicte en manière d'une couvete (?).

977. *Item* deux tasses d'argent dorées, martelées au fons. (*Baillé à Jehan Le Mercier.*)

978. *Item* six tasses blanches, frapées à l'escu de monseigneur dedens.

979. *Item* trois poz d'argent blanc, par pièces, et toutes les pièces devers lui.

980. *Item* trois chandelliers d'argent dorez en pièces, dont autres escussons sont devers lui.

981. *Item* ung benoitier doré, et l'esperges signé aux armes de feue madame, et une ezcuelle d'argent rompue. (*Baillé à Jehan Le Mercier.*)

982. *Item* une cuiller de pierre, le manche d'or et

bordée d'or à l'environ de la facon du menche de ladicte cuiller.

983. *Item* ung reliquaire ou tableau d'or à x balais et dix trosses de perles de deux perles la trosse, à l'image de Nostre Dame et l'angel Gabriel, et au dos Nostre Seigneur en croix, Nostre Dame et Saint Jehan, XXVI petites perles, comme en la pomme comme à l'environ du tableau, a IIII chayennetes respondens, a l'une pendent.

984. *Item* la chainne d'or de monseigneur a une fible [1] et une petite bource dedens, en laquelle sont ses reliques.

985. *Item* ung petit hanap d'or couvert, poinconné à fuillage, le fretelet martelé, et ou fons du soleil une perle. (*Donné par monseigneur a monseigneur de Montjoye quant il ala estre gouverneur d'Aste* [2].)

986. *Item* ung autre hanap d'or en la manière de coquille esmaillié ou fons à ung ymage de Saint Pol, et dehors à lettres de la becoy [3]; fectes à ymages, le couvescle pareillement, ou fretelet ung saffir et IIII perles.

987. *Item* ung creusequin de madre, le pié d'or et le fretelet fait en manière d'un heaume.

988. *Item* deux cuillers d'argent dorés.

---

1. Fibule ou agrafe.
2. Louis, baron de Montjoye, conseiller et chambellan de Louis d'Orléans, employé par lui à plusieurs missions.
3. Il s'agit peut-être des trois premières lettres de l'alphabet — l'a, bé, çoy et d'une coupe d'enfant.

*Autre Inventaire, fait par lesdiz commis, de la chapelle de feue madame d'Orléans et autres choses, que Guillemin Cacheu, cler de chapelle de madicte dame, avoir en garde, fait le* XXIXe *jour de mars mil* IIII *et huit, et baillé en garde par les susdiz à Jehannet Treuffe, cler de chapelle de monseigneur.*

989. Une chapelle de drap de soye blanc brochié d'or, garnie de frontier, dossier, parement de napes,trois chapes armoyées aux armes de France et de Milan en ung petoral d'argent doré, esmaillié aux armes dessus-diz, en l'un desquelz pettoraulx fault l'éguille; a gros boullons d'argent dorez sur le chapeau de la chape, lesdictes chapes orfrasées au long plainne paulme d'or de Chipre. Aube, amit, estole et fanon, sainture et cha-suble; vestement pour le diacre, aube, amit, sainture, estole, fanon et damatique; vestement pour le soudiacre, aube, amit, sainture, tunique et fanon; parement de satin blanc pour le letrain, orfrayé d'or de Chipre et frangé de soie vermoille, I coissant pour le livre et I. estuy à corporaulx, deux corporaulx et une couverture de toile, deux couvertures blanches de tafetaz.

990. *Item* une autre chapelle de drap d'or sur champ vermeil, garnie de frontier, dossier et de parement de nape, trois chapes, chacune à I. petoral d'argent doré armoyé aux armes de France et de Milan, dont les deux d'icelles sont de veloux vermeil et l'autre pareille de la dicte chapelle, a gros boullons d'argent dorez dessus le chaperon de la dicte chape, lesdictes chapes orfrayées au long d'or de Chipre. Aube, amit, estole, sainture et chasuble pour le prestre; vestements pour le diacre, aube, amit, sainture, estole, fanon et damatique; vestements pour le soulzdiacre, aube, amit, sainture, tuni-

que, fanon ; I estuy, pareil de la chapelle, ou il a dedens deux corporaulx et I. couvescle, deux courtines de sendal vermeilles bordées de soye vert, et est ceste chapelle sans parement de letrain, et sans coissinet pour livre.

991. *Item* une autre chapelle noire de drap de linges, ouvré à fuillage de noir, doublée de tafetaz noir, orfrasée de drap d'or de Chipre, garnie de frontier, dossier et parement de nape, une chape et I. pestoral d'argent doré armoyé aux armes de France et de Milan, ung buillon d'argent doré dessus. Aube, amit, estole, fanon, sainture et chasuble pour le prestre ; vestement pour le diacre, aube, amit, sainture, estole, fanon et damatique ; vestement pour le soudiacre aube, sainture, tunique et fanon ; parement de letrain, orfrayé d'or et frangé de soye noire, I coissinet, I estuy de corporaulx, deux courtines de taffetaz, I paele noir, deux couvertures d'autel de bourre de soye. Six napes pour lesdiz paremens, et deux tonailles nuefves.

992. *Item* une croix d'argent dorée assise sur une châsse soustenue de deux angels, assis sur le pié de la croix, une teste de camahieu ou milieu de la croix, garnie ladicte croix de XX mannais [1] rubiz et VII saffirs, à l'oposite du milieu de la croix ung Agnus Dei.

993. *Item* ung ymage de Nostre Dame d'argent doré, assis en une chayere sur ung grant pié d'argent, armozé aux armes de monseigneur.

994. *Item* ung calice d'argent doré, et la platine esmaillée à la façon de Milan, et armoyé aux armes d'Orléans et de Milan, deux burètes d'argent dorées aux armes de feu monseigneur et madame d'Orléans ; deux chandelliers, une paix, une navette armoyée aux

1. Menus.

armes de monseigneur, une cuiller, ung encensier d'argent doré, deux bacins d'argent blanc, une aumusse de gris pour prestre, doublée de menuvair, et IIII surplis.

995. *Item* une chapelle de veloux vert, chevronnée de vermeil, brochée d'or à poz et florettes d'or, garnie de frontier, dossier et parement de nape, frangé de soye rouge, vert, blanche et bleue, aux armes de feu monseigneur et madame; vestement pour le prestre, chasuble, aube, amit et sainture, parement de deux aubes pour les poignez, et deux amis, deux estoles et deux fanons, I estuy à corporaulx hault, et I corporal dedens, et quatre napes.

996. *Item* ung calice et la platine d'argent doré ou façon de Lombardie, armoyé au panneau du milieu aux armes de Milan.

997. *Item* une croix plate d'argent dorée, a pié quarré, a IIII ecussons des armes de Milan sues ledit pié, le crucifix esmaillié d'un costé ou milieu, et de l'autre coste Nostre Seigneur tenant son livre, et les IIII euvangelistes aux bouz, deux chandelliers d'argent dorez, deux buretes d'argent dorées dont le couvescle de l'une est de cevre[1] ; deux bacins d'argent dorez armoiez aux armes de monseigneur et de madame, une paix d'argent doré et I. crucifix Nostre Dame et Saint Jehan, une clochete d'argent dorée, une boete d'argent dorée à meltre pain, I. benoitier d'argent doré à I. chiennet dessus, et le guipillon.

998. *Item* ung oratoire de cendal noir à IIII. courtines, ung drap de siège de satin noir, armoyé aux IIII. cornez des armes de feux monseigneur et madame, ung autre drap de siège de drap de Luques vermeil, à bes-

1. ? Cuivre.

telètes et à croisians d'or, aux IIII cornez les armes de feux monseigneur et madame, bordé de drap de soye vermeil, ouvré d'arbres vermeilz et doublé de tafetaz, deux coissins de drap de soye royé, figuré, deux messelz, l'un à l'usage de Romme et l'autre à l'usage de Paris, celluy de Rome couvert de veloux noir, deux orloges et deux coffres de chapelle, deux tapiz de sommiers aux armes de feux monseigneur et madame, une pierre de marbre noir, d'autel.

*Autre Inventaire des chapelles et autres choses à icelles appartenans, que ledit Jehannet avait en garde, lesquelles lui ont été lessées avec les autres choses dessus dictes ledit jour.*

999. Une chapelle de drap d'or en champ pers, brochée à oyseaux, bestes grans et fleurs larges, garnie de frontier et dossier, armoiez aux armes de monseigneur, vestemens pour le prestre, aube, amit chasuble, estole et fanon. I. estuy à corporaulx.

1000. *Item* une autre chapelle de drap de Luques noir nuefve, garnie de dossier, frontier, parement de nape, à frange de soye noire, escussons aux bouz aux armes de monseigneur; vestemens pour le prestre, aube, amit, estole, fanon, sainture et chasuble, ung coissinet pour le livre.

1001. *Item* ung calice, au pié Nostre Seigneur en croix, Saint Jehan et Nostre Dame, et en la platine Nostre Seigneur entrompé; une croix d'argent dorée à I. crucifix dessus, deux bacins d'argent aux armes de monseigneur; deux petites burètes d'argent, une petite paix d'argent esmaillée de crucifix; une boete a mettre pain dessus le couvescle; I. crucifix et Nostre Dame d'argent enlevez, une clochète d'argent, deux chandelliers petiz d'argent, 1. petit messel à l'usage de Paris, quatre napes, 1 petit carreau bleu, 1. tapiz armoyé aux armes de monseigneur, une sarge noire et deux coffres de sommiers pour lesdictes chapelles.

*Autre Inventoire, fait par lesdiz commis, de la tapisserie.*

1002. Une chambre de drap de soye, de blanc et de bleu, armoyée aux armes de feu monseigneur le duc, c'est assavoir ciel, dossier, couverture de mesmes et trois couvertures de satin blanc.

1003. *Item* pour ladicte chambre dix grans tapis à teindre [1], et dix autres pièces, que petiz tapiz que bancquiers.

1004. *Item* six carreaux de mesmes ladicte chambre.

1005. *Item* une autre chambre de hautte lice, fecte d'or et de soye, où il y a dames qui joent de la harpe et petiz enfans; cest assavoir ciel, dossier et couverture de lit, et trois couvertures de drap de soye vert.

1006. *Item* pour ladicte chambre six tappiz à tendre de la devise de ladicte chambre, et couverture pour la couche.

1007. *Item* ung petit tapiz chevronné de blanc et de bleu, dont on a fait seurpillere.

1008. *Item* nuef tapiz, et la couverture du lit de la chambre au boucherons.

1009. *Item* une chambre de drap d'or à roses, où a ciel, dossier, couverture de lit, bordée de veloux en grainne, et y fault ung quartier de veloux, et trois couvertures de satin en grainne.

1010. *Item* ung grant days d'or et de veloux à tendre, qui fut fait en Avignon.

1. Tendre.

1011. *Item* ung dosseret de drap d'or bordé de veluan vermeil, aux armes de feue madame d'Orléans.

1012. *Item* une chambre de satin vermeil à devise de plusieurs cerfs de bordeure d'or, garnie de ciel, dossier, et de couverture de lit.

1013. *Item* trois courtines de taffetaz vermeil.

1014. *Item* ung grant daiz d'or etn de veloux tanné, aux armes de monseigneur le Daulphin [1].

1015. *Item* ung tiercelet de drap d'or, vielz, sur champ blanc, qui fut à feue madame d'Orléans.

1016. *Item* ung tapiz de haulte lice de l'Arbre de vie.

1017. *Item* ung tapis de haulte lice du Jugement.

1018. *Item* ung autre plus grant tapiz de haulte lice, que on dit le tapiz du Couronnement.

1019. *Item* ung petit tiercellet de haulte lice ouvré d'or et de lainne, et y a enfens qui se baingnent dedens une rivière.

1020. *Item* un viez tapiz chevronné de blanc et de bleu, dont on a fait sarpillere.

1021. *Item* deux vielz grans tapiz de haute lice de l'istoire de Thezeus.

1022. *Item* ung autre tapiz de haulte lice de l'istoire du grant Charlemagne.

1023. *Item* ung autre grant tapiz de haulte lice des VII Vices et des VII Vertuz, ouvré à or.

1024. *Item* ung tapiz d'un Saint Loys, ouvré d'or.

1025. *Item* ung des tapiz de l'un des Credo.

1026. *Item* une chambre de drap de Dammas, blanc

1. Louis, duc de Guyenne, dauphin de Viennois, comte de Mortain né en 1396. En 1403 fut passé le contract de son mariage avec Marguerite de Bourgogne, fille de Jean-Sans-Peur, comte de Nevers, plus tard duc de Bourgogne, mais le jeune prince mourut sans postérité en 1415.

et bleu chevronnée, garnie de ciel, dossier, couverture de lit, goutières [1], et III. courtines de taffetaz blans et bleuz.

1027. *Item* ung couvertouer de drap tanné, fourré de menu vair.

1028. *Item* deux tapiz chevronnez de blanc et de bleu.

1029. *Item* ung autre tapiz de mesmes, dont on a fait serpillère.

1030. *Item* dix tapiz de haulte lice, à fleurs de liz d'or, pour tendre contre muraille, et y a vi. faictes de chanevaz.

1031. *Item* vi. tapiz de haulte lice, pour tendre contre muraille.

1032. *Item* une autre chambre de tappiserie d'une déesse, faicte d'or et de lainne, c'est assavoir ciel, dossier et couverture de lit, ouvré d'or et de lainne, et VII tapiz sans or.

1033. *Item* ung matras de cendal vermeil.

1034. *Item* ung tapiz à orengiers, dont on a fait sarspillère.

1035. *Item* ung tapiz à orengiers, dont on a fait sarspillère.

1036. *Item* VI tapiz de velux de plusieurs sortes.

1037. *Item* X autres petiz tapiz velux de plusieurs sortes.

1038. *Item* ung pavillon de satin blanc, que donna monseigneur de Roussay à monseigneur

1039. *Item* ung pavillon de boucassin blanc brodé de broches [2] de porc espy, et une coultepointe de mesures.

---

1. Tenture attachée au ciel du lit.
2. Aiguillons.

1040. *Item* six sarges blanches servans audit pavillon, fait à broches de porc espy.

1041. *Item* ung pavillon de boucassin blanc, et couverture de lit, semé de fers à cheval.

1042. *Item* six sarges blanches, semées de fers à cheval.

1043. *Item* six carreaux de soye blanche.

1044. *Item* une coutepointe blanche.

1045. *Item* une chambre de sarge vers à fueilles d'ortie, destainte par bandes, contenant XI pièces, en courtines et en tout.

1046. *Item* ung tapis vielz, vigneté de blanc, armoyé aux armes de monseigneur le Dauphin, dont on fait serpillière.

1047. *Item* cinq petiz tapiz veloux de plusieurs sortes.

1048. *Item* quatre tapis de la chambre aux escocqs [1].

1049. *Item* une chambre de taffetaz pers de baterie, armoyé aux armes de feue madame, garnie de V. pièces aux petiz morceaux.

1050. *Item* quatre carreaux de veloux asur, à fleurs de liz d'or.

1051. *Item* ung pavillon de sarges de plusieurs coulours, armoyé des armes de feu monseigneur le duc.

1052. *Item* trois sarges de mesmes.

1053. *Item* ung grant coissin de veluau vert avecques deux plus petiz.

1054. *Item* IIII chayères de velux brochié d'or, pour mettre sur chayeres.

1055. *Item* une coutepointe barrée d'or.

1. Selon LABORDE, *ouvrage déjà cité*, escoq veut dire arbre noueux ou branche noueuse.

1056. *Item* six sarges vermeilles aux armes de monseigneur.

1057. *Item* XXIIII carreaux de cuir armoyez aux armes de mondit seigneur.

1058. *Item* IIII cuirées, armoyées aux armes de mondit seigneur.

1059. *Item* ung vielz tapiz, à sommier, armoyé aux armes de mondit seigneur.

## AUTRE TAPISSERIE

1060. Ung grant tapis pour salle, de l'istoire du grant Credo.

1061. *Item* deux autres grans tapis du Viez Testament et du Nouvel.

1062. *Item* une chambre vermeille, semée de braques[1], de bras et de faucons, contenant IX pièces, cest assavoir ciel, dossier et couverture de lit, et six tapiz de mesures et IIII, a point de couverture de couche.

1063. *Item* ung tapiz velu.

1064. *Item* une chambre de drap d'or sur champ asur, garnie de ciel, dossier et couverture de lit, et trois custodes de cendal tercelin bleu.

1065. *Item* une autre chambre de drap de Dammas vermeil, garni de ciel, dossier et couverture de lit, et trois courtines de tiercelin vermeil.

1066. *Item* trois tapiz velux.

1067. *Item* ung bien vielz tapiz, à ladicte tapisserie a esté ploiée.

1068. *Item* cinq tapiz velux.

1069. *Item* six tappiz blans, ouvrez de roses du file de Paris.

1. Cf. le mot anglais brach-hound, l'allemand brack et l'italien bràcco.

1070. *Item* dix paires de courtines, c'est assavoir six vertes, trois rouges et une blanche, toutes de sarges.

1071. *Item* de la chambre aux estocs et commis III pieces, c'est assavoir ciel, dossier et couverture.

1072. *Item* une autre chambre blanche semée de glans, contenant VIII pièces, c'est assavoir ciel, dossier, deux couvertures de lit et de couche, et quatre tapis de mesmes.

1073. *Item* ung viez tapiz pour faire gite, où ladicte tapisserie a été ployée et envelopée.

1074. *Item* une arbaleste et six broches [1] de fer.

1075. *Item* les toiles de huit bales [2], dont ladicte tapisserie a esté envelopée.

## AUTRE TAPISSERIE, CARREAUX ET AUTRES CHOSES.

1076. Une chambre de veluau bleu à plain ciel, brodée et armoyée aux armes de madame, et XII tapiz de drap bleu semblablement armoyez, et six quarreaux de veluau bleu semblablement armoyez.

1077. *Item* une chambre de drap d'or à espies de blé, VIII tapiz et VI carreaux de mesmes la chambre.

1078. *Item* une chambre de drap de soye semée de fueilles blanches, garnie de XII tapiz.

1079. *Item* une chambre de satin bleu à estoiles; garnie de VIII tapiz bleuz.

1080. *Item* une chambre de veluau bleu, brodée de fleurs de liz d'or.

1081. *Item* une chambre de drap d'or vermeil, dont il en fu copé une piece.

1082. *Item* une chambre de satin vermeil, nommée

1. Carreaux.
2. Balles.

la chambre au parc, et six quarreaulx de mesmes et VIII tapiz ouvrez à bouscherons.

1083. *Item* une chambre d'un satin blanc ouvré à orengiers, et VI. tapiz à fleurs de lis et à orengiers.

1084. *Item* une chambre de sarge vermeille, garnie de XII sarges.

1085. *Item* une chambre de sarge vert, brodée à *V.*, garnie de IX sarges.

1086. *Item* ung pavillon de sarge vert, brodé à *V.V.*

1087. *Item* ung petit pavillon de travail de sendal vert, garni de courtines autour, de mesmes le pavillon.

1088. *Item* deux grans espreviers de sendal vert, garniz de deux grans courtines traversainnes et des courtines qui appartiennent aus diz espreviers, sept tapiz vers armoyez aux armes de madame.

1089. *Item* deux autres grans espreviers de cendal vert, garniz de courtines au tour, et XI tapiz, armoiez aux armes de monseigneur.

1090. *Item* deux grans courtines traversainnes de toile vert.

1091. *Item* ung tapiz de la bataille des *XXX*.

1092. *Item* deux grans tapiz, ouvrez, de haulte lice.

1093. *Item* deux banquiers, armoyez aux armes de madame.

1094. *Item* cinq grans chaères, dont l'une est de veluau vermeil et l'autre de veluau noir, et les autres III sont de cuir ouvré.

1095. *Item* une petite chayère de cuir ouvré.

1096. *Item* une chayère de Sipres, faictes en la façon d'Almaigne.

1097. *Item* cinq celles de retrait, couvertes de drap.

1098. *Item* ung tablier d'yvoire, garni d'eschecs et de tables d'ivoire.

1099. *Item* six quarreaux de veloux vermeil, cest assavoir deux grans et quatre petiz.

1100. *Item* deux grans carreaux de veloux vermeil, la moitié de cuir, et VIII petiz de mesmes.

1101. *Item* deux grands carreaulx de sandal vert et IX petiz de mesmes.

1102. *Item* une chambre de sarge vert, garnie de VII sarges.

1103. *Item* une chambre de sarge vermeille destainte à orties, et garnie de VII sarges.

1104. *Item* une chambre de sarge blanche, garnie de IIII sarges blanches.

1105. *Item* une chambre de tapisserie verde à rainsseaulx de roses, et à petiz enfens, garnie de courtines et de VII tapiz.

1106. *Item* le parement d'un lit à I parc à brebiz, et III courtines vertes, le dossier, et VII tapiz de mesmes.

1107. *Item* I. ciel à angels de tapisserie.

1108. *Item* une grant chambre blanches à orties verdes, dont les courtines sont de camelot blanc de Reins, garnie de cinq tapiz.

1109. *Item* XII tapiz veluz, c'est assavoir X grans et deux petiz.

1110. *Item* trois cuirées à mettre par terre.

1111. *Item* deux autres cuirées à mettre par terre.

1112. *Item* ung petit tapiz velu, de chayere.

1113. *Item* une chambre de veloux vermeil ouvrée de brodeure d'or et de soye, dite la chambre aux boucherons, de laquelle le ciel a ung grant soleil à fil d'or, estandant ses royes par tout le ciel, à double goutière.

1114. *Item* le dossier à bouscherons et a bouscheronnes, brodées comme dessus et la couverture du lit à devise de boys.

1115. *Item* une autre chambre de velu asure, brodée à fleurs de lis d'or aux armes et à la devise de ilec de feu monseigneur le duc, c'est assavoir le ciel à double goutière et le dossier tant seulement, et sont les dictes II chambres sans courtines.

---

# INDEX

## A



## B

## C

## D



## E

## F



## G



## H

## I



## J



## L



## M

**N**



**O**

## P



## Q



## R

## S



## T

**U**



**V**



IMPRIMERIES MONCE, 6, Rue Houzeau-Muiron, Reims

www.ingramcontent.com/pod-product-compliance
Ingram Content Group UK Ltd.
Pitfield, Milton Keynes, MK11 3LW, UK
UKHW020552180726
13838UKWH00001B/196

9 782329 2020